네가 즐거운 일을 해라

네가 즐거운 일을 해라

학벌·스펙을 떠나
열정으로 최고가 된
멘토들의 직업 이야기

이영남

민음인

차례

프롤로그 내 가슴이 시키는 일을 찾아서 • 6

28명의 인생을 연기하다 • 11
뮤지컬 배우 최정원

스토리를 사진 한 컷에 담다 • 37
사진작가 조선희

인류 최초의 직업이자 최후의 직업 • 67
요리사 이병우

국내 최연소 대목수가 되다 • 85
한옥건축가 김승직

과학으로 수사하는 한국판 CSI • 107
국립과학수사연구원 김은미

데이터 전성시대, IT계의 미켈란젤로 • 131
데이터 설계자 이화식

선박 설계의 일인자 • 155
조선 공학자 이동대

환경 운동가에서 유엔 환경 담당관으로 • 177
국제기구 전문가 남상민

'여행 고딩', '여행 박사' 대표가 되다 • 203
여행사 대표 주성진

연봉 1위 전문직, 바다의 파일럿 • 223
도선사 나태채

세계 명장을 꿈꾸는 폴리메카닉스 금메달리스트 • 249
기계 금속 엔지니어 유예찬

0.1퍼센트 가능성만 있어도 창업한다 • 263
벤처 기업가 김현진

에필로그 재능보다 노력이 더 특별했던 사람들 • 288

내 가슴이 시키는 일을 찾아서

어떤 일을 하면 행복하게 살 수 있을까? 평생 내가 좋아하는 일을 하면서도 인정받고 살 수 있을까, 혹은 적당히 소득이 보장되고 안정적인 일을 해야 할까. 이는 진로를 탐색 중인 학생들이 가장 많이 하는 고민 중 하나일 것이다.

우리나라 사람들이 직업을 선택할 때 중시하는 요소는 수입(37.1퍼센트), 안정성(28.4퍼센트), 적성·흥미(16.6퍼센트) 순으로 나타났다.(통계청 2013년 사회조사) 10대의 경우 직업 선택 시 적성·흥미를 가장 중요하게 여기는 반면, 20대 이후부터는 수입을 가장 주된 기준으로 생각한다.

누가 맞다고 단언하기는 어렵다. 무엇보다 한 가지 기준만 보고 직업을 선택하라는 질문 자체가 결혼 상대를 사랑이냐 조건이냐 양자택일하라는 것만큼 지나치게 단순하다.

평균 수명이 100세라 하니, 하나의 직업을 경험한 뒤 맞지 않으면 바꾸는 게 좋겠지만 그게 말처럼 쉽지는 않다. 진로는 등산로와 비슷하다. 갈림길을 만나면 선택해야 하고, 잘못된 길이라고 깨닫고 원점으로 되돌아가려는 순간, 해가 저물기 시작했음을 발견하기도 한다.

'평생 어떤 일을 하면서 살 것인가.' 진로 탐색은 중·고등학생 때 시작해야 한다. 이 시기는 진로 선택에서 골든타임에 해당한다. 의사나 교사 같은 직업은 대학 입학이 곧 직업으로 연결되고, 국제 기능올림픽 대회는 만 22세가 지나면 지원할 자격이 사라진다. 하지만 학생들은 영어 단어를 외우고 수학 문제를 푸느라 시간이 없다며 이런 고민을 대학 진학 뒤로 미룬다.

그렇기에 모범생일수록 대학에 진학한 뒤 헤매는 비율이 높은 것은 당연한 일이다. 학생들은 그제야 직업이 오지선다가 아니라, 만 개 이상의 선택지로 이뤄져 있다는 점을 발견한다. 모의고사도 없는 실전인 데다 합격 기준도 직업마다 달라 도대체 무엇을 보고 뽑는다는 건지 알쏭달쏭하다.

더구나 우리나라 20대는 특별하다. 나이를 중시하고 패자부활전에 인색한 문화 때문에 고등학교 졸업 직후 불과 몇 년 안에 모든 것을 결정해야 할 것 같은 압박감에 모두가 허둥댄다. 왜 고등학교 때 진로에 대한 책을 읽거나 관심 있는 분야의 직업인을 만나 보지 못했을까 후회하는 시점이 온다.

실은 나도 그랬다. '영어'에 초점을 맞춰 영어교육과로 갔는데 입학하고 보니 '교육'의 비중이 높은 사범대였고, 교사직을 잠깐 경험했지만 학교 밖 세상이 더 궁금한 나로서는 '안정성'이 장점으로 느껴지지 않았다. 자질 부족을 탓하며 그만둘 궁리만 했다. 기자가 되어서야 비로소 호기심을 충족시킬 수 있었다. 매일 기사를 써내야 하는 스트레스는 새로운 사람을 만나 궁금한 것을 알아볼 수 있다는 장점으로 둔갑했다. 진로와 관련해 고백하자면 나는 가장 중요한 고등학교 때는 타이밍을 놓쳤고, 대학교 4학년 때는 기자와 교사직 가운데 쉬워 보이는 길을 택했다. 돌고 돌아 기자가 됐으니 헛똑똑이였다.

돌아보니 친구들도 조카들도 하나같이 그랬다. 10년 남짓 기자로 일하면서 여러 사람을 만난 경험을 이들과 함께 나눠야겠다는 생각에 진로 지침서를 쓰게 됐다. 고등학생들이 관심 있는 직업부터 알아보기 위해 직접 설문조사를 했을 때 의사와 판사, 변리사, 회계사 등 전문직뿐 아니라 예술인과 기업가, 정치인 분야도 관심도가 높게 나왔다. 하지만 이러한 직업군은 특별한 '재능'이 중요해 일반화하기 어렵다는 이유로 전작『너의 꿈에는 한계가 없다』에서는 다루지 못했다. 그런데 학생 독자들이 이메일로 더 많은 직업을 소개해 달라고 독촉했고 나는 숙제를 하듯 후속작을 출간하기에 이르렀다.

이번 책에서는 '재미'와 '창의성'을 좇는 직업인을 선택했다. '학벌' 보다 '재능'이 중요한 분야로 각 분야에서 최고라 할 만한 사람들, 자기 일에 만족하는 직업인을 선별해 열두 명을 만났다.

전기 작가처럼 직업을 매개로 각 인물의 삶을 전반적으로 통찰하고자 했다. 무슨 일을 하는지, 첫 관문을 통과하게 한 열쇠와 성공할 수 있었던 비결은 무엇인지 물었다. 각 직업의 장·단점도 담았다. 무엇보다 학생들이 궁금해하는 현실적인 부분에 초점을 맞췄다.

직업적 보람을 부각하고 싶어 하는 주인공에게 입문 초기 망설임과 실패의 기억, 학창시절 성적은 어땠는지, 수입은 얼마나 되는지, 자녀에게 이 일을 권할 만큼 전망이 있는지 캐물었고, 열정을 제1의 자질이라고 답하면 진짜 실력이 없는 사람도 후배로 뽑는지 물었다. 일부는 난처한 표정을 지었지만 필자는 모르는 척 시치미를 뚝 떼고 젊은이들 입장에서 이해될 때까지 질문하고 늘어졌다.(솔직하게 답해 준 열두 명의 주인공에게 진심으로 감사드린다.)

주인공들은 직업을 선택할 때 가슴과 직관을 따랐다. 한결같이 "이 일을 정말 좋아해야 한다. 그냥 빠져서 이 직업을 선택했다."고 말했다. 이들은 남들이 무모하다고 말리는 상황에서 자신이 좋아하는 일을 직업으로 선택했으나, 직업적으로 성공을 거둔 후에는 대담하다는 평가를 받았다. 나는 '무모함'과 '대담함'을 가른 차이가 무엇인지 궁금했다.

이 책은 한마디로 좋아서 선택한 일에서 어떻게 하면 성공할 수 있는지 그 비법을 담고 있다. 주인공들의 방황과 망설임, 실패담 또한 있는 그대로 담았다.

하루하루 치열하게 살지만 어느 산에 올라가고 있는지 헷갈리는 젊은이들이 이 책을 통해 잠시 먼 산을 보고, 장기적인 목표를 고민해 보기를 바란다.

2015년 2월

평생 배우려는 이영남

일러두기

각 장의 끝에 덧붙인 각 직업의 준비 과정과 연봉, 미래 전망 등은 한국직업능력개발원
커리어넷(www.career.go.kr)의 2014년 직업 사전, 그리고 전문가들의 조언을 참고해 분석한 내용이다.

28명의 인생을 연기하다

뮤지컬 배우
최정원

1969년 서울에서 태어나 서울 영파고등학교 재학 중 뮤지컬계에 입문, 1995년 한국뮤지컬대상
신인연기상, 1996년 한국뮤지컬대상 여우조연상, 1997년 한국뮤지컬대상 인기스타상, 2001년 한
국뮤지컬대상 여우주연상 등을 받아 이른바 '뮤지컬계의 그랜드슬램'을 달성했다. 2010년 한국뮤
지컬대상 여우주연상과 2014년 뮤지컬어워즈 여우조연상을 각각 한 번 더 수상했다.

영화「사랑은 비를 타고」를 보는데 눈물이 났어요. 배우가 노래하고 춤추는

장면을 처음 본 거예요. 그게 바로 뮤지컬이었어요. 순간 머리가 번뜩였어

요. 아, 내가 뭘 원하는지 잊고 살았구나!

뮤지컬 배우 분야의 멘토로는 일찌감치 최정원을 주인공으로 점찍어 뒀지만 절망적인 답변만 돌아왔다. 20년 이상 뮤지컬을 해 온 그는 무대에서 관객을 만나는 일 외에는 관심이 적어, 출판사들의 숱한 '출간' 제안도 거절해 왔다고 했다. '뮤지컬 배우로 한 우물을 파기 위해서'이니 도와 달라는 설명이 덧붙여졌다.

　　그래도 물러설 수 없었다. 책을 쓰는 작가이기 이전에 직업이 현직 기자다. 취재력이 시험대에 오른 순간이다. "최정원 씨가 인터뷰에 응하지 않으면 뮤지컬 배우 분야는 아예 소개하지 않겠다. 젊은이들을 위해 도와 달라."며 비장한 목소리로 배수진을 쳤지만 상대는 꿈쩍도 하지 않았다. 그야말로 창과 방패의 대결이다.

　　하지만 예외는 있는 법. 불과 일주일 뒤 그와 마주 앉을 수 있었다.

　　앞서 매니저는 "최정원 씨가 무대 밖에서 강연을 했던 유일한 경우는 절친한 지인을 통해 요청이 들어와서 도저히 거절하기 힘든 경우 뿐이었다."라고 단호하게 말했다. 끈질긴 기자를 떼어 내려는 심정으로 한 말이지, 설마 '거절하기 힘든 지인'이 최정원과의 중간 다리를 놓아 줄 것이라고는 생각하지 않았을 것이다. 필자는 전작 『너의 꿈에는 한계가 없다』에서 인터뷰했던 박정훈 피디를 통해 간곡히 부탁했고, 이심전심으로 도와준 덕에 인터뷰 날짜를 잡을 수 있었다.(박정훈 피디가 2000년 제작한 SBS 다큐멘터리 「생명의 기적」에서 수중 분만하는 장면 속 주인공이 최정원이었다.)

일단 인터뷰에 응하기로 결정한 그는 자신의 성공 비결을 공개하는 데 주저함이 없었다. 무대 위에서만 카타르시스를 느끼는 뮤지컬 배우로서, 자신의 직업에 대한 애정이 있기에 가능한 일이었다. 절박한 마음으로 꿈을 좇았던 자신의 10대를 떠올리며 연기자 지망생들에게 진정성 있는 조언을 하려는 열의가 느껴졌다.

"그동안 다른 곳에 눈 돌리지 않고 뮤지컬에 집중할 수 있었던 것은 관객들이 저에게 주는 박수 소리가 귀에 쟁쟁했기 때문입니다. 이 일을 하는 사람들은 누군가를 행복하게 함으로써 자기 자신이 행복해진다는 것을 알죠. 다시 태어나도 뮤지컬 배우가 되고 싶어요."

25년 동안 28명의 인생을 연기한 배우 최정원. 출연한 뮤지컬마다 혼신의 연기로 찬사를 받았지만, 이번 인터뷰 무대에는 실존 인물 최정원으로 등장한다. 그는 달콤하지만 열정적인 목소리로 자신의 이야기를 들려주었다.

뮤지컬 「맘마미아」의
히로인을 소개합니다

2008년 스웨덴의 한 도시. 그룹 아바(ABBA)의 음악으로 만든 뮤지컬 「맘마미아」 공연 팀은 아바의 고국에서 특별한 무대를 마련했다. 이 뮤지컬은 세계 220개 도시에서 각 나라 배우들이 현지 언어로 공연해 온 스테디셀러로, 여러 주인공 중 최고를 뽑아 무대에 세운 것이다. '전 세계 최고의 도나'라는 사회자의 멘트에 이어 한 배우가 무대 한가운데 등장했다.

"맘마미아~ 어쩜 좋아~"

파란 눈의 관객들로 가득 찬 공연장에서 한국어로 된 노랫말이 울려 퍼졌다. 주인공 '도나'를 맡았던 수많은 여배우 가운데 가장 뛰어난 주인공으로 뽑혀 무대에 선 사람은 바로 최정원이었다. 극 중에서 주인공의 단짝 친구 '로지'와 '타냐' 역을 맡은 배우도 함께 무대로 나와 열창했다. 1만 2000명의 파란 눈의 관객들이 기립 박수를 보냈다.

"「맘마미아」는 제가 7년 동안 공연했고 한국에서 1000회 이상 무대에 섰던 공연이에요. 스웨덴에서 처음 도나 대표로 초청받았을 때만 해도 그냥 재미있겠다고 생각하며 무대에 섰어요. 무대에서 제가 우리나라 말로 「맘마미아」 주제곡을 부르는데 태극기가 내걸리고, 외국인 관객들이 기립 박수를 보내 주시는 거예요. 신나는 노래인데 눈물이 나오더라고요. 다음 날 현지 신문에도 아바 노래로 만든 뮤지컬의 '최고 주인공'이라며 제 사진이 실렸죠. 외국에서 제작되고 수입된 뮤지컬인데 한국에서 활동하는 뮤지컬 배우가 현지에서 인정받았다는 점에서 보람이 있었고 우리 팀이 자랑스러웠어요. 올림픽에서 금메달을 딴 것처럼 국위선양한 느낌이었어요."

이 행사는 대형 경기장 개장을 기념하기 위해 열린 콘서트로, 스웨덴의 국민 가수 아바가 마지막 무대에 오를 뮤지컬 「맘마미아」의 여주인공 세 명을 직접 선출했다. 극 중 도나의 친구인 로지 역은 러시아 출신 배우가, 타냐 역은 스페인 배우가 각각 그 배역의 최고로 뽑혔다. 핵심 주인공은 역시 도나여서 다음 날 현지 신문들은 한국인 최정원을 1면에 부각해 보도했다.

「맘마미아」는 한국에서 10년 이상 공연된, 가장 인기 있는 뮤지컬 가운데 하나다. 주인공 도나는 7년 동안 최정원이 맡았다. 그가 출연한 무대만 1000회가 넘는다. 2014년 1월 한국 10주년 기념 공연에서도 영국의 오리지널 팀과 함께 커튼콜 무대에 선 사람은 최정원이었다. 그래서 「맘마미아」 하면 관객들도 최정원의 밝은 미소와 열정적인 이미지부터 먼저 떠올린다.

"「맘마미아」에는 행복 바이러스가 있어요. 이전까지 아가씨 역만 맡다가 서른아홉 살에 처음 엄마 역으로 출연했어요. 앞서 다른 배우들도 주인공 도나 역을 맡았지만 저는 제가 생각하는 도나를 만들어내려고 노력했어요. 주제곡 「The Winner Takes It All」도 몇천 번을 불렀지만 한 번도 똑같은 감정으로 부른 적이 없어요."

오디션 탈락이
가져다준 기회

　　　　한 번도 어려움을 경험하지 않았을 것 같은 그도 매번 오디션에 합격하지는 않았다. 「맘마미아」에서 거둔 성공도 다른 작품의 오디션 탈락에서 시작됐다.

"「미스 사이공」 오디션을 봤어요. 남자 주인공의 부인인 '엘랜'이라는 조연이었죠. 배역을 맡기 위해서는 오디션을 일곱 차례 거쳐야 하는데 여섯 번째 관문을 통과한 뒤 최종 오디션에서도 잘한다고 칭찬받았어요. 내심 그 역할을 맡을 걸로 기대했는데, 아무런 연락이 안 온 거죠. 일주일 동안 아무것도 못하고 배우로서 나를 재정립해야겠다고 생각했어요."

낙담하지 않고 자신을 추스르다 보니 더 좋은 기회가 찾아왔다.

"운명인지 얼마 뒤 「맘마미아」 제작사에서 섭외가 왔고 이 오디션에 합격했어요. 「맘마미아」에서는 주인공 도나가 모든 것을 다 이끌어 가니 「미스 사이공」의 조연인 엘랜과는 비교도 할 수 없이 좋은 역할이죠. 제가 만약 「미스 사이공」에 참여했다면 지금의 도나는 없었을 거예요. 이렇게 전화위복이 된 경우가 많아요. 탈락한 뒤에도 괜히 오디션 봤다고 생각하지 않고, 나에게 맞는 역할을 찾으려 노력하다 보니 결과적으로 조금씩 발전할 수 있었다고 생각해요."

포기하지 않으면
실패하지 않는다

실패는 포기를 모르는 사람을 강하게 만든다. 최정원은 오디션 준비를 더욱 독하게 했다. 경쟁자들이 대본과 악보를 들고 오디션에 참가할 때 그는 대사와 가사를 모두 외워 대본 없이 무대에 선다.

"아무리 유명해도 작품을 하려면 일단 오디션을 통과해야 해요. 자신이 원하는 캐릭터를 집중적으로 공부해야 하죠.「맘마미아」는 밝고 명랑하고 웃음이 가득한 얼굴을 원해요. 반면 「시카고」는 어둡고 카리스마 있는 팜므파탈을 원해요. 「시카고」에서 최상의 연기를 보여준 배우라도「맘마미아」캐릭터에는 맞지 않을 수 있죠. 또 최정원이 연기한 도나와 이태원, 박해미 언니가 연기한 도나는 다르잖아요? 주인공을 맡은 배우로서 저는 실제 딸이 있기도 하고, 사람들은 그런 점이 배역에 어떻게 영향을 줄지도 궁금해하죠. 제가 가진 것을 바탕으로 어떻게 원하는 이미지를 만들까 끝까지 고민하고 노력했어요."

타인의 삶을
연기한다는 것

오디션 통과는 끝이 아니라 시작이다. 배역이 결정되면 이제 본격적인 연습이 시작된다. 연습 기간은 보통 두세 달인데 아침 9시부터 저녁 6시까지 연습이 이어지고 작품에 따라서는 밤

10시까지 계속되기도 한다.

"연습은 자기와의 싸움이에요. 실제로 이때가 제일 힘들어요. 글자에 생명을 불어넣어 살과 다리, 눈빛을 만들어야 하니까요. 배우가 무대에서 연기하는 것은 대충 그런 척하는 것이 아닙니다. 누군가 살았던 것 같은 삶을 준비해야 하니 힘들어요. 저의 어린 시절을 다 없애고 마치 그 사람으로 살아 본 것처럼, 이 여자는 이럴 것이라고 상상해 만들어 내죠. 제 안에 「맘마미아」의 도나와 「시카고」의 벨마 켈리가 있는지 모르겠지만, 제 경험과 상상력을 접목해 그런 인물이 나왔을 때는 뿌듯하고 행복해요."

배우 박건형과 공연했던 뮤지컬 「토요일 밤의 열기」는 연습하는 데만 6개월이 걸렸다.

"남자 주인공이 여자 주인공을 들었다 났다 던지고 하는 열정적인 춤이 많아서 육체적으로 힘들었어요. 연습 과정은 영화 「실미도」에서 군인들이 훈련받는 장면을 떠올리면 상상이 가실 거예요. 첫 공연에서 주인공 토미가 노래하면서 등장할 때는 배우들도 울컥했어요. 군무로 서른 명이 똑같이 춤을 추는데, 오래 연습했더니 뭐가 달라도 달랐죠. 냄비와 돌솥의 감동은 확실히 달라요."

작품을 무대에 올리기 하루 전에는 항상 일찍 침대에 눕는다. 혼자 최종 시뮬레이션을 하기 위해서다. 실제 공연에 걸리는 시간만큼 누워서 상상으로 공연을 리허설 한다.

"새로운 공연이 개막하기 하루 전, 저는 항상 침대에 일찍 누워서 눈을 감고 무대에 서 있는 제 모습을 그려요. 2시간 반 공연하는 동안 관객 입장에서 공연하는 저 자신을 바라보는 거죠. 첫 장면에서 남자 주인공이 나와 노래하고, 다음에 제가 무대에 등장해 춤추고 있으면 단역들이 합류하는 거죠. 집중이 되지 않을 때는 식은땀이 나기도 해요. 이 장면에서 내가 조명을 안 받고 있으니 옆으로 움직여야겠네, 이런 생각도 하면 첫 공연에 도움이 되는 것 같아요. 25년 동안 28명의 인생을 연기할 때마다 저는 매번 이렇게 해 왔어요."

하나의 공연이 끝나면 또 다른 배역을 맞이하기 위해 자신을 비워 낸다. 비우고 채우기를 반복하는 동안 관객들은 배우 최정원을 주목하기 시작했다.

꿈과 현실
사이에서

최정원은 만 20세에 처음 뮤지컬 무대에 섰다.
"가자, 아들레이드!"
뮤지컬 「아가씨와 건달들」에서 이 한마디 대사를 하는 '아가씨 6번'이 그가 맡은 첫 번째 배역이었다.

이 단역 배우는 데뷔 6년 뒤 1995년 한국뮤지컬대상 신인연기상을 받고 이듬해 한국뮤지컬대상 여우조연상을 수상, 다음 해 한국뮤지컬대상 인기스타상을 받은 뒤 2001년 여우주연상을 거머쥠으로써 데뷔 12년 만에 여배우로는 처음으로 이른바 뮤지컬계의 '그랜드슬램'을 달성한다. 그 이후로도 2010년 한국뮤지컬대상 여우주연상, 2014년 뮤지컬어워즈 여우조연상을 한 번 더 수상하는 기염을 토했다.

뮤지컬계에서 프로듀서가 꼽는 최고의 배우, 티켓파워를 가진 배우, 믿음 가는 배우 1순위에 자주 이름을 올리는 최정원. 그는 신인들 틈에서 끊임없이 변신하며 더욱 빛을 발하는 배우로 꼽힌다.

뮤지컬 배우가 아닌 최정원은 생각할 수 없을 것 같지만 그도 진로를 놓고 방황하던 때가 있었다. 집안 형편은 넉넉지 않았고 어린 시절에는 그다지 주목받는 외모도 아니었다고 한다.

"얼굴도 까무잡잡하고 광대뼈도 튀어나오고 예쁜 얼굴은 아니었어요. 다만 웃을 때 예쁘다는 어머니 말씀을 듣고 잘 웃는 편이었어요. 초등학교 들어가서 웃으면서 아이들에게 '안녕, 안녕.' 하니까 모든 애들이 저를 좋아하더라고요. 알고 봤더니 아이들은 제가 먼저 웃으니까 그저 웃어 줬을 뿐인데 저를 좋아하는 줄 알았던 거죠. 어쨌든 친구들은 많았어요. 지금은 많이 예뻐진 거예요."

어린 시절에도 끼는 남달랐다. 노래 부르기를 좋아했고 동네 어른들 앞에서 인기 가수 노래를 모창하고 사탕과 용돈을 받기도 했다.

"어떻게 하면 저 가수와 똑같이 노래할까 연구했어요. 박수받기를 좋아했던 것 같아요."

초등학교 4학년 때 연극을 배우기 시작했다. 언니들을 제치고 「에밀레종」이라는 연극에서 주인공을 맡아 세종문화회관 무대에 서, 방송을 타기도 했다.

하지만 6학년이 되면서 연극을 그만뒀다. "좋아하는 일이 일생의 직업이 될 수는 없다."는 부모님의 생각에 동의하지는 않았지만 따라야 했다.

"아버지가 반대하셨어요. 연극은 취미이지 직업이 될 수 없다는 거죠. 공부해서 대학 가고, 취업해서 결혼하라는 게 어른들의 방식이었죠. 이 말을 당연하게 여기고 중학교 때 연기를 쉬었는데 내내 우울했어요."

연기는 그만뒀지만 공부에는 관심이 가지 않았다. 음악 감상실에 다니다 보니 트럼펫 연주에 관심이 생겼고, 고등학교 때 연주 반에 들어가 트럼펫을 배웠다. 인문계 고등학생이라면 당연시하는 야간 자율 학습에 반발심이 생겼고, 시험 점수에 따라 진로를 정한다는 말도 이해하기 힘들었다.

"친구들에게 '앞으로 무엇이 될 거냐?'고 물어보면 점수에 따라 대학 가서 직업을 찾겠다고 하는데 그 말이 너무 싫었어요. 저는 평생 좋아하는 일을 직업으로 하겠다고 결심했죠. 하지만 제 꿈이 뭔지 모르겠고 막연히 외롭다는 생각이 들었어요. 그러던 어느 날 텔레비전을 봤는데 제 인생을 바꿀 장면에 눈이 꽂혔어요."

뮤지컬 영화「사랑은 비를 타고」가 방영되고 있었다. 비 오는 날, 주인공 진 켈리가 사랑하는 여자를 바래다주고 키스를 나누고 돌아서서 행복에 겨운 표정으로 빗물이 튀는 거리에서 "I'm singing in the rain~." 노래하면서 탭 댄스를 추는 장면이었다. 가족들은 웃으며 보고 있는데, 그의 눈에서는 눈물이 흘러나왔다.

"어, 어떻게 저럴 수 있지? 배우가 연기하는 것만 봤지, 노래하고 춤추면서 표현하는 것은 처음 본 거예요. 그게 바로 뮤지컬이었어요. 그 순간 머리가 번뜩인 거죠. 내가 뭘 원하는지 잊고 살았구나……."

답은 내 안에
있었다

목표가 생기니 더 이상 우울하지 않았다. 같은 반 친구들이 대학 진학을 목표로 영어와 수학을 공부할 때 그는 뮤지컬을 공부하기 시작했다. 뮤지컬과 관련된 책과 영화를 찾아보며 독학으로 공부했다. 이듬해 고3 때 뮤지컬 배우를 뽑는 오디션에 지원했다. 롯데월드 예술단을 선발하는 오디션에서 합격자 열 명 안에 들었다. 꿈꾸던 세계에 첫발을 내디딘 순간이었다.

"오디션에서 준비한 대로 마이클 잭슨의 「Ben」을 부르면서 춤췄어요. 나중에 들으니 실력은 없는데 떨지 않고 가진 것 이상으로 보여주는 모습 하나 보고 뽑았다고 하더라고요. 의욕만 앞서서 춤을 추다가 바닥에 고꾸라졌는데도 아무 일도 없었다는 듯 일어나서 계속 진행했던 기억이 나네요."

연습생으로 1년 반 동안 연습한 뒤 「아가씨와 건달들」 무대로 데뷔했다. 이후 '찰떡 콤비'로 불리게 된 선배 남경주와도 같은 무대에 섰다.

"와, 내가 이런 무대에 서다니! 눈물이 났어요. 커튼콜 때 큰 박수를 받았죠. 저는 앙상블로 무대의 맨 뒷줄 가장자리에 서 있었어요. 관객들은 주인공에게 박수를 보냈는지 몰라도 저 역시 대선배들과 한 무대에 있었잖아요. 아버지가 아니라 제가 맞았어요. 결국 하고 싶은 일을 직업으로 하게 됐잖아요."

좋아하는 일을
잘하는 일로

프로의 세계에서는 '좋은 사람'이 아니라 '좋은 것을 만들어 내는 사람'을 찾는다. 열정과 끼만으로는 부족하다. 중요한 것은 실력이다.

무대에 선 배우들과 의욕은 같았지만 실력 차이는 컸다. 남경주는 주인공 '나산' 역이었고, 최정원은 대사가 한마디밖에 없는 '아가씨 6번'이었다. 등급부터 달랐다. 5년차 배우로 대학에서 연기를 배운 남경주는 A등급, 고등학교만 졸업해 뮤지컬계에 갓 입문한 최정원은 최하위 등급이었다.

"하고 싶은 일이었지만 잘하는 일은 아니었어요. 노래는 자신 있다고 생각했는데 막상 해 보니 실력이 부족했고 춤은 뻣뻣해서 더욱 문제였어요. 그래도 인생을 걸겠다는 절박함이 있었어요. 월급의 80퍼센트는 개인 레슨을 받는 데 썼어요. 예술단 연습 시간을 피해야 하니 새벽 6시에 발레를 배우고, 퇴근 후 밤 9시부터 11시까지는 노래를 배웠죠. 발레도 스무 살에 시작했으니 늦었지만 워낙 간절하니까 금세 늘더라고요. 그렇게 D등급에서 C등급으로 한 단계씩 올라가 A등급이 됐어요."

입문 6년차에 뮤지컬 「사랑은 비를 타고」에도 남경주와 함께 출연했다. 이때는 비중 있는 배역을 맡았다. 남자 둘에 여자 하나, 단 세 명만 나오는 공연에서 그는 남경주와 남경읍, 두 형제 배우와 함께 무대를 누비며 초연 공연을 스테디셀러로 만들었다.

이후 10여 년 동안 남경주와 함께 출연하면서 최정원은 연기 인생의 절반을 그와 같은 무대에 섰다. 두 배우는 뛰어난 호흡으로 객석을 움직이며 '뮤지컬계의 최불암과 김혜자'로 불렸지만, 최정원은 어느 순간 독자적으로 주목받기 시작했다.

"모방부터 시작했어요. 모창과 성대모사도 하고. 누군가를 멘토로 삼고, 그 사람처럼 되고 싶어 열심히 노력했어요. 그런데 그분이 어느 순간 '최정원 씨 멋있다, 나를 능가했다.'고 말해 주셨어요. 힘을 받아 더 열심히 하게 됐죠. 그러면서 배우로서 제 자리를 잡아 간 것 같아요."

무대에서 박수받을 때가
가장 행복하다

배우 최정원이 두 번 출연한 작품이자 그에게 두 번째 여우주연상을 안겨 준 로맨틱 코미디 뮤지컬 「키스 미 케이트」는 셰익스피어의 『말괄량이 길들이기』를 극중극 형태로 각색한 것이다. 이혼한 두 배우가 뮤지컬 「말괄량이 길들이기」에 함께 출연하면서 벌어지는 이야기다. 최정원은 2001년에 주인공의 동생 비앙카 역을 맡았고, 2010년 재공연에서 주연 케이트 역을 맡았다.

최고상인 여우주연상은 한 번 수상하면 다른 배우에게 우선권을 주는 관례가 있어 두 번 받는 경우는 드물다. 최정원은 12년차에 이미 「시카고」 공연에서 한국뮤지컬대상 여우주연상을 받았다. 그래서

2010년에는 수상을 전혀 기대하지 않았다. 후배들을 위한 축하 무대에 서 달라는 말에 시상식에 갔는데 "여우주연상, 최정원."이라고 호명됐다. 그는 크게 놀랐지만 나머지 사람들은 당연하게 여겼다. 연기와 발성 등이 압권이어서 다른 수상자를 선택하기 힘들어 내린 결정이었다.

"이혼한 여배우 역할이었어요. 제가 무대 위에서 남편 역의 남자 배우(극 중 전남편)를 연기인 척하면서 감정을 실어서 때리고, 그러면 상대 배우가 '너 때렸~어? 지금 세게 때렸잖아!' 하면서 공연 중에 소동이 벌어지는 이야기인데, 관객도 실제인지 연기인지 헷갈리는 로맨틱 코미디였죠. 우선은 연기력이 중요했어요. 또 비앙카 역으로 춤추는 비중이 컸던 9년 전과 달리, 이때 맡았던 여주인공 케이트 역에는 고음의 성악 발성이 필요해 개인 레슨을 받았고 그 결과 하이 피치도 내게 됐어요. 지금까지 여우주연상을 두 번 받았지만, 사실 상은 중요하지 않아요. 어차피 저는 죽기 전까지 연기를 계속할 테니까요."

실제로 그가 가장 좋아하는 곳은 무대이고, 제일 좋아하는 순간은 공연이 끝나고 박수받을 때이다.

"커튼콜을 받고 울컥하면서 박수받을 때가 제가 제일 좋아하는 시간이에요. 그땐 정말 미칠 것 같아요. 다시 태어나도 뮤지컬 배우가 되고 싶어요. 다른 직업에서 성공한 분들에게 자식에게 같은 직업을 시키겠느냐고 물었더니 안 했으면 한다고 말씀하시는 것을 봤어요. 저는 딸도 같이 뮤지컬을 했으면 해요. 딸이 저처럼 행복해지면 얼마나 좋겠어요? 딸이 원해야 하는 거니까 강요는 하지 않지만 밤마다 누군가의 박수를 받고 행복한 삶을 살았으면 좋겠다고 생각하죠. 가수가 될 수도, 연주가가 될 수도, 또 다른 무언가가 될 수도 있겠지만요."

뮤지컬 배우는
변신을 즐기는 사람

　　　　　　　20년 이상 대중들의 사랑을 받아 온 뮤지컬 배우 최정원은 여러 역할을 소화해 내는 변신의 귀재이다. 그는 시간이 지날수록 에너지가 넘치고 존재감이 커진 배우로 꼽힌다. 비결은 언제나 신인과 같은 성실함이다. 후배들과 작업할 때도 언제나 연습실에 가장 먼저 나온다. 무엇보다 오디션 그 자체를 즐긴다.

"작품을 선택하는 첫 번째 기준은 변신이 가능한가 하는 점이에요. 이전 작품과 느낌이 다르고 캐릭터가 달랐으면 하는 바람이에요. 오디션을 보는 것도 즐거워요. 작품을 꿰뚫고 있는 브로드웨이 오리지널 팀이 와서 저를 어린아이 다루듯 '이 노래도 불러 봐.' '목을 좀 더 펴 볼까.' 하면서 이것저것 요구하는데, 저로서는 모르는 면을 새롭게 발견하는 기회가 되니, 즐겁죠."

변화를 두려워하지 않으니 시간 앞에서도 당당하다. 그는 모든 배우가 두려워할 듯한 '나이 듦'도 즐긴다.

"어렸을 때는 「그리스」의 샌디라는 어린 역할을 맡았고, 30대가 되니 그 나이 때에 맡을 만한 역할이 눈앞에 펼쳐졌어요. 40대에는 「맘마미아」를 만났죠. 40대 후반인 지금도 나이 들어야 맡을 수 있는 역할들이 많아 행복해요. 그래서 '나이 듦'이 좋아요. 「맘마미아」「시카고」의 상반된 역할에 이어 「고스트」에서는 게걸스러운 점쟁이 아줌마로 분한 우피 골드버그 역을 맡았어요. 저도 변신하는 게 즐거웠지만 20년 이상 저를 봐 주신 팬들도 즐거워했어요. 제가 배우를 선택한 이유는 타인의 삶을 무대에서는 살 수 있기 때문입니다. 저는 죽어서도 '변신의 귀재'라는 수식어를 남기고 싶어요."

일반적인 직업군이라면 매번 변신해야 하는 일이 부담으로 다가와 단점이 될 수도 있다. 이것이 가장 큰 장점이라는 것은 그가 기본적으로 뮤지컬 배우라는 자신의 일을 좋아하기에 가능한 해석이다.

감동을 주는
일의 기쁨

최정원은 뮤지컬 배우의 또 다른 장점으로 감동을 주고받는 직업이라는 것을 강조했다.

"누군가에게 꿈을 심어 주고 감동을 주고, 제가 하는 일이 그런 일이잖아요? 한번은 이런 팬레터를 받은 적이 있어요. 왜 나만 이렇게 살까, 삶을 포기하고 싶을 정도로 불행하다고 느꼈는데 공연에 감동받아서 열심히 살게 됐다는 내용이었어요. 뮤지컬 배우는 누군가를 행복하게 함으로써 자기 자신이 행복해진다는 것을 직업을 통해 아는 사람이죠. 뮤지컬 「맘마미아」든 「시카고」든 관객들에게 감동을 주고 그들의 인생을 윤택하게 만들 수 있으니 사실 직업으로는 정말 최고인 것 같아요. 돈도 벌고 자신도 행복하고 누군가에게 희망을 줄 수

커튼콜을 받고 울컥하면서 박수받는 시간이 제일 좋아요.
그때는 정말 미칠 것 같아요.

다시 태어나도 배우가 되고 싶어요.

도 있으니까요."

자기 관리에 철저해야 하는
뮤지컬 배우

　　　　　　뮤지컬 배우의 단점은 자기 관리에 철저해야 한
다는 점이다.

"배우는 아파서도 안 되고, 즉흥적으로 살아서도 안 되죠. 저도 원
래 스키와 수상 스키, 자전거를 좋아하지만 다리를 다치면 공연에 차
질을 빚으니까 안 해요. 자기 관리가 철저하지 않으면 좋은 배우가 될
수 없어요. 자기 삶부터 챙기고 주변 사람도 챙겨야 하죠. 저도 운동
도 하고 꾸준히 노력해요."

「맘마미아」공연 때는 반년 동안 혼자 공연하는 '원캐스팅'으로 거
의 매일 무대에 오르는 강행군을 소화했다. 2시간 반 동안 라이브 공
연을 하는데 주말에는 오후에 두 차례 공연이 있다. 그래서 대부분의
공연에서는 두 사람이 같은 배역을 번갈아 가며 연기하는 '더블캐스
팅'을 하고, '원캐스팅'을 내세워도 '커버'로 불리는 다른 배우가 가끔
출연한다. 미국 브로드웨이를 포함, 세계적으로도 말 그대로 한 명의
배우만 무대에 서는 '원캐스팅'은 유례를 찾기 힘들다. 그럼에도 그는
라이브 공연을 208회 하는 동안 한 번도 차질을 빚은 적이 없었다.

"제가 원해서 했어요. 208회로 예정된 원캐스팅이었으니 반년 동
안 매일 공연한 셈이죠. 정확히 말하면 월요일만 쉬고, 주말에는 2회

공연했어요. 감기에 걸릴까 봐 걱정했는데 그 덕분에 오히려 건강해졌어요. 아침에 일어나 운동하고 좋은 음식만 먹고 좋은 생각만 해서 컨디션이 늘 좋았어요. 저는 공연이 없는 날이 더 피곤해요."

필자가 보기에 뮤지컬 배우의 단점은 일단 되기가 쉽지 않다는 것이다. 뮤지컬 배우는 여성과 남성이 반반이지만 지망생은 여성이 3분의 2로 좀 더 많다. 시간이 지난다고 경력을 인정받는 것이 아니라 매번 평가받고 끊임없이 연습해야 한다는 점이 스트레스가 될 수 있다.

춤과 노래는 기본
열정과 배려심을 갖춰야

어떤 사람이 뮤지컬 배우에 적합한지 물었다.

"우선은 재능이죠. 몸도 잘 쓰고(춤도 잘 추고) 소리도 잘 내고 연기도 잘해야 되죠. 사실 노래는 어느 정도 타고나야 하는 부분이 있는 것 같아요. 보통 수준인데 연습해서 잘되는 사람도 있으니 정답은 없어요. 하지만 몸이 따라 주지 않으면 안 되죠. 또 일부 배우와 지망생은 노래만 잘해도 된다고 여기는 것 같은데, 평생 무대에 설 거라면 노래만 잘해서는 오래갈 수 없어요."

재능과 더불어 중요한 자질이 있다.

"이 일을 정말 좋아해야 해요. 돈을 벌겠다는 것이 아니고 뮤지컬 배우를 해야만 살 것 같다는 절실함이 첫 번째예요. 실력이 조금 부족하더라도 '뮤지컬 배우가 아니면 죽겠습니다.' 하는 사람을 뽑고 아껴요. 그런 사람은 가르치면 성장할 가능성이 많기 때문이죠. 한마디로 절실함과 재능을 겸비해야 합니다.

셋째는 성격입니다. 뮤지컬은 원맨쇼가 아니기 때문에 철저히 사회성이 요구되는 곳이죠. 무대에 함께 서는 배우들이 평균 30~40명, 연주단과 스태프까지 합치면 100명이 넘을 때도 많아요. 나 혼자 잘해서는 아무것도 안 돼요. 상대 배우나 앙상블과의 조화가 굉장히 중요합니다. 무대 위에서 자기가 주인공이라고 내려와서도 앙상블과 스태프를 무시하거나 독불장군처럼 굴면 발전이 없어요. 배우는 사람과 사람 사이를 중요하게 여겨야 합니다. 또 관객이 없으면 무대에 설 이유가 없으니 늘 감사하는 마음으로 관객을 배려해야 합니다. 이 모든 것을 갖추고 있다면 정말 최고라고 할 수 있죠."

뮤지컬 배우를 선발할 때 학력은 중요한 기준이 되지 않는다. 최정원의 경우도 그랬다.

"어떤 제작자도 학력을 보고 배우를 선발하지는 않아요. 물론 학교가 학원보다 체계적으로 가르친다는 장점은 있습니다. 음악, 무용 등 전공별로 도움은 받을 수 있어요. 하지만 다른 방법으로도 실력을 쌓을 수 있죠. 실력을 키우는 것이 우선입니다. 그래서 정말 배우가 되고 싶다면 공연을 많이 보고 좋아하는 배우처럼 되기 위해 연습을 많이 하는 것이 좋은 것 같아요."

방황하더라도 자신의 마음에
귀 기울였으면

예술 분야에서 성공한 사람들은 '미래의 기쁨을 위해 현재의 기쁨을 반납했다.'고 말하고는 한다. 일터 밖에서도 오랜 시간을 투자해야 하기 때문이다. 그런데 정상에 선 뮤지컬 배우 최정원은 연습할 때 힘들었던 기억도 관객들의 박수갈채를 받는 순간 눈 녹듯이 사라지기 때문에 연습 때 스트레스도 거의 없다고 말한다. 그에게 성공 비결을 물었더니 명쾌하게 말한다.

"성공하려고 생각하지 않으면 성공하는 것 같아요. 성공이 무엇을 의미하는지는 잘 모르겠지만 그냥 빠져서, 좋아서 하는 일이 직업이 되면 그게 성공 아닐까요? 목표가 다른 데 있다면 실패하지 않을까요?"

20여 년 전, 대학과 무대의 갈림길에 선 여고생이 부모가 반대하던 뮤지컬계로 입문한 이유는 단순했다. 그저 좋아하는 일을 잘하기 위해 노력했더니 결과적으로 성공했다는 것이다.

"고등학교 때부터 저는 평생 좋아하는 일을 직업으로 찾아야 한다고 생각했어요. 다행히 제가 좋아하는 일이 잘하는 일이 됐고 그게 직업이 됐지만 그렇지 못한 친구들도 많거든요. 학교 다닐 때 글을 잘 쓰던 친구가 있어 소설가가 되면 좋겠다고 생각했는데 그 친구는 지금 은행에서 일하고 있어요. 늘 꿈을 이루고 싶었지만 은행에 들어가고 보니 꿈을 이룰 시간이 없고, 만족하려고 노력하지만 행복해지지는 않는 거죠. 젊은이들은 방황하더라도 자신의 마음에 귀를 기울였으면 합니다."

좋아하는 일에 지금 당장 도전해 보라는 말도 덧붙였다.

"저는 무대 위에 서 있는 순간이 가장 행복해요. 목숨이 다할 때까지 무대 위에서 누군가의 인생을 살고 있지 않을까 싶어요. 만약 이 책을 읽는 누군가가 뮤지컬 배우가 되고 싶어 한다면 '지금 당장 시작하라.'는 말을 꼭 해 주고 싶어요. 지금 시작하세요. 앞으로 인생이 얼마나 재미있어질지 저도 기대됩니다."

고등학생 최정원의 인생을 바꿔 놓았다는 뮤지컬 영화 「사랑은 비를 타고」는 30년 전 필자도 텔레비전으로 본 기억이 난다. 한 고등학생은 눈이 꽂히고 뇌가 번뜩여 배우의 길로 들어서게 됐다는데, 나는 같은 장면을 그저 즐겁게 보았을 뿐이고, 이후 뮤지컬 「맘마미아」를 보기 위해 공연장을 찾은 130만 명의 관객 중 한 사람으로 남았다.

박정훈 피디가 "같은 국수를 먹어도 어떤 사람은 국수만 먹지만 어떤 사람은 다큐멘터리 「누들로드」를 만든다."라고 했던가. 똑같은 영화를 보더라도 누구는 영화만 보고 누구는 어떻게 연기할까를 연구한다. 그것은 배우 최정원의 말을 빌리면 '인생을 걸겠다는 절실함'의 차이다.

Tip1. 배우가 되려면?

방송사의 신인 연기자 공개 채용을 통해 연예계에 진출할 수 있다. 방송사 공채에서는 서류 심사, 오디션과 카메라 테스트 면접을 통해 선발한다. 기획사와 프로덕션, 영화사의 신인 배우 공개 오디션을 통해 진출하기도 한다. 오디션은 자기소개, 연기, 개인기(노래, 춤, 성대모사, 모창 등)로 진행된다. 기획사나 사설 학원 등의 추천을 통해 방송이나 공연에 출연하거나 CF, 잡지 모델 등으로 활동하다가 연기자로 캐스팅되기도 하며, 뮤지컬 배우는 가수를 하다 진출하는 경우도 많다.

전문대학과 대학교에서 뮤지컬학과, 연극영화과, 코디미연기학과, 방송연예과 등을 전공하면 화술과 발성, 호흡 등을 배울 수 있어 연예계 진출에 유리하다. 사설 학원에서도 연기자 과정을 배울 수 있다.

Tip2. 종사자 수와 연봉

한국직업능력개발원에 따르면 배우와 모델의 수는 9000명이며 성비는 남성이 70.1퍼센트, 여성이 29.9퍼센트로 남성의 비율이 높다. 평균 연령은 30.6세이다. 평균 14.7년의 학력을 보유하고 있으며 평균 계속 근로 연수는 6.9년이다. 월평균 수입은 128만 원이지만 인지도에 따라 수입의 차이가 크다. 뮤지컬 업계 역시 이제 막 입문한 배우와 정상급 배우 간의 출연료 차이가 크다.

Tip3. 10년 뒤 직업 전망

우리나라에서 뮤지컬 공연의 역사는 짧지만 성장 속도는 빠른 편이다. 1962년에 처음 번역극을 올렸고 1966년에 처음 창작 뮤지컬 「살짜기 옵서예」가 공연됐다. 미디어와 인터넷의 발달로 좋은 작품을 다운받아 보기 쉬운 세상이 됐지만 라이브 문화 공연에 대한 수요는 오히려 증가하고 있다.

「미스 사이공」과 「오페라의 유령」, 「레미제라블」, 「캣츠」 등 세계 4대 뮤지컬이 국내에서 공연됐으며, 외국에서 초연된 뮤지컬이 거의 동시에 한국 무대에 설 정도로 선진국에서 주목하는 시장이다. 아직까지는 개런티를 주고 외국 공연을 직수입하는 경우가 많다. 제작 측면에서 '기술력'은 발전했다지만 '예술성'은 성장이 필요하다는 평가를 받고 있다. 뮤지컬 배우는 물론이고 창의력을 갖춘 감독과 시나리오 작가의 수요도 늘어날 전망이다.

스토리를 사진 한 컷에 담다

사진작가
조선희

1971년 경북 왜관에서 태어났으며, 대구 원화여고와 연세대학교 의생활학과를 졸업했다. 1998년 스튜디오를 개업했으며 주요 브랜드의 광고와 패션 매거진 화보, 영화 포스터를 촬영하며 다방면으로 활동하고 있다. 2003년 올해의 패션 포토그래퍼상을 받았고 2009년부터 경일대학교 사진영상학부 교수로도 활동하고 있다. 저서로 『네 멋대로 찍어라』, 『왜관 촌년 조선희, 카메라와 질기게 사랑하기』, 『조선희의 힐링 포토』, 『조선희의 영감』이 있다.

> 카메라가 '찰칵'거리는 소리를 듣는데 숨이 막혔어요, 셔터 누르는 소리가
>
> 어찌나 아름답던지, 이 소리를 평생 듣고 살면 좋겠다고 생각했어요.

연예인 화보와 영화 포스터 분야에서 손꼽히는 작가, 조선희. 그와 인터뷰를 하기 위해 스튜디오를 찾았다. 회색 콘크리트 벽에 쭉 뻗은 계단이 인상적인 건물 4층에 작업장이 있다. 3미터가 넘는 철문을 열자 작업 공간이 눈에 들어온다.

　때마침 모델 화보 촬영이 한창이다. 어두운 밤바다에 불 밝힌 오징어잡이 배처럼, 어두운 실내에서 유일하게 여성 모델만이 한 점 조명을 받고 있는 가운데 이를 20여 명의 스태프들이 구경꾼처럼 에워싸고 있다.

　스태프들 가운데 가장 동작이 큰 사람은 사진작가 조선희. 그는 모델을 향해 초 단위로 셔터를 눌러 댄다. 자세히 보면 '찰칵' 소리가 한 번 난 뒤 모델이 미세하게 움직여 다음 포즈를 취하면 조명 담당과 스타일리스트, 선풍기로 바람을 만드는 사람을 비롯해 나머지 스태프도 일시 멈춤 동작을 하고 카메라 셔터가 눌리기만을 숨죽여 기다린다.

그렇게 셔터 누르기가 반복되고 사진작가가 만족한 표정으로 '컷'을 외친 뒤에야 조명이 꺼지고 스태프들은 다음 컷을 준비한다.

스튜디오 벽면에는 수지와 송광호, 류승룡 등 유명인들의 사진이 붙어 있다. 영화 「신의 한수」 「역린」 「변호인」 「관상」 「7번방의 선물」 「건축학개론」 「써니」의 포스터로, 모두 조선희가 촬영한 것이다.

서울 강남에서 모던한 느낌의 스튜디오를 운영하는 사진작가 조선희는 민낯에 수수한 옷차림으로 등장했다. 그는 큰 목소리에 굵직하고 투박한 경상도 사투리를 쓴다. 건네받은 명함에는 '포토그래퍼'와 '포토디렉터' '작가'라는 직함이 적혀 있고, 개구리 같은 자세로 다리를 벌리고 사진을 찍는 작가 자신의 실루엣이 담겨 있다. 이름이 '선희'인데도 그를 남성으로 아는 사람이 꽤 있다고 한다.

실제로 만나 보니 조선희는 남성적이면서도 여성적이고, 강렬한 카리스마 속에 깊은 인간미를 간직하고 있으며, 개방적인 동시에 자신만의 원칙을 고집스럽게 지키는 사람이었다. 그의 안에는 상반되는 속성이 공존하고 있었다.

배우보다 카리스마 있는
사진작가

그는 직업인으로는 20년째 사진을 찍고 있으며, 굳이 분류하자면 상업 사진작가에 속한다. 취미 활동까지 합치면 24년째 사진을 찍고 있다. 사진작가로 주목받은 것은 1996년 배우 이정재의 화보를 찍으면서부터다.

촬영 당일, 인천 부둣가에 배우 이정재가 나타나자 사람들이 웅성대며 몰려들었다. 사진작가는 이 눈부신 피사체를 카메라에 담기 시작했다.

잡지에 실릴 사진은 단 여섯 컷. 길어야 3시간이면 끝나는 촬영이다. 더구나 상대는 시간에 쫓기는 스타가 아닌가. 그런데 이 작가는 무려 12시간이나 배우를 촬영했다. 인천 부둣가와 화교 마을을 배경으로 촬영지를 옮겨 다니며, 이정재에게 피우지도 못하는 시가를 물려서 콜록대게 하고 카메라를 들이댔다.

시간이 흐르자 구경하던 사람들도 지쳐 돌아갔다. 일부 남은 사람들은 촬영 작업을 신기하게 바라봤다. 이정재의 눈앞에 카메라를 들이댔다가 높은 건물로 올라갔다가 심지어는 바닥에 드러누워서 사진을 찍는 사람은 스물다섯 살짜리 앳된 여성이 아닌가.

"하얀 태양 빛과 이정재의 눈빛밖에 기억나지 않아요. 나중에 친구가 된 정재가 '사람들이 처음에는 나를 구경하다가 나중에는 다 너를 구경하더라.'라고 말했어요. 저는 이정재라는 사람에게만 몰입해 있어서 어떤 상황인지 몰랐어요. 앵글을 다르게 하려고 1000컷 이상 찍었어요."

피사체에만 몰입하는 이상한 카리스마에 눌려 그 누구도 촬영을 멈추자고 하지 못했다. 새벽에 시작한 촬영은 어둑해져서야 끝났다. 12시간을 촬영하다니 대단하다고 했더니, 준비 기간은 더 길었다고 말한다.

"며칠 동안 잠도 못 자고 고민했어요. 조명과 시안(다른 배우가 찍힌 사진 가운데 작업할 배우와 느낌이 비슷한 사진)을 준비하고 디자이너와 스타일리스트와도 상의하죠. 꿈속에서도 사진을 찍었던 것 같아요. 실제로 촬영을 하고 나서는 긴장이 풀려 사흘 꼬박 아팠어요."

배우들은 이 작가가 특이하다는 것을 금방 발견했다. 이정재는 이후 자신의 화보를 찍을 사람으로 언제나 조선희를 지목했다.

"다른가 봐요. 저는 피사체를 아름답게 찍는 것이 아니라, 그들의 내면에 존재하는 감정들을 끌어내려고 해요. 그래서 진실하게 다가가죠. 사진가와 피사체 사이에 벽이 없다면 더 많은 것을 보여 줄 것 아니에요? 진실한 눈빛을 보여 주는지, 아니면 예쁘게 포장하는 모습을 보여 주는지는 굉장히 큰 차이죠. 물론 그것을 불편해하는 사람도 있어요. 어떤 사람들은 좋게 포장해 주는 것을 좋아하지, 모든 것을 드러내는 방식을 좋아하지 않거든요."

하지만 많은 사람이 그의 방식을 좋아해 줬고, 그 덕분에 조선희 작가는 마이너리그에서 메이저리그로 도약할 수 있었다.

어떤 꿈이 찾아올지는
아무도 모른다

뒤늦게 발견된 재능으로 인생이 뜻하지 않게 흘러가는 경우도 있다. 경상북도 왜관에서 태어난 조선희는 고등학교 때까지만 해도 과학자가 되기를 꿈꿨다. 시장에서 장사하는 부모님을 떠나 초등학교 때부터 할머니가 사는 대구로 나와 학교에 다녔다. 고등학생 때는 밤에는 독서실에서 자고 학교에 다녔다. 다섯 살 위인 큰 언니가 매일 왜관에서 1시간 거리에 있는 대구로 배달해 주는 세끼를 먹고 고시생처럼 살았다.

고등학교는 이과로 지원했다. 성적은 전교 1, 2등을 할 정도였다. 과학자가 되기 위해 고등학교 2학년 때 수시 모집 같은 제도로 카이스트에 지원했는데 떨어졌다. 과외를 받아 본 적도 없었고 한 번도 배운 적이 없는 미적분 문제가 나오자 풀지 못했다.

"그만큼 노력도 하지 않고 실패했지만 상실감이 컸던지 이후로는 공부도 열심히 안 했어요. 과학자의 꿈은 여전해 고등학교 3학년 때 연세대학교 공과대학에 시험을 봤는데 또 떨어졌어요. 재수할 형편은 안 된다는 엄마의 말에 저도 공부하기가 싫어졌는데, 대학 2지망에 합격하자 옳다구나 하고 입학한 거예요."

별생각 없이 2지망으로 의생활학과에 진학했다. 전공 공부에는 관심이 없었다. 의상 디자이너를 꿈꾸며 온 동기들 사이에서 대학생 조선희는 그림도, 바느질도, 재봉틀도 어느 하나 잘하는 것이 없는 학생이었다. 팀 과제가 주어지면 그는 친구들이 만든 의상을 사진으로 남기는 일에만 골몰했다. 학점은 4점 만점에 2.5점을 겨우 넘길 정도여서, 등수를 매기자면 끝에서 세는 것이 빠를 것처럼 보였다.

대학 오리엔테이션이 끝나자마자 사진 동아리를 찾아갔다. 잠재의식 속에는 '필연'이 자리 잡고 있었다. 고등학교 3학년 때 자신이 좋아했던 선생님이 사진 동아리를 만들었는데 공부에 방해된다는 어머니의 반대로 가입하지 못했던 기억이 그를 그곳으로 이끌었다.

"일단 재미있었어요. 사실은 그 동아리에서 만난 한 선배를 좋아하게 된 거예요. 그 사람에게 잘 보이고 싶은 마음이 커서 누구보다 열심히 했어요. 동기 스물두 명이 공동으로 전시회를 하는데 어떤 선배가 '끝에서 세 번째 사진이 누구 거냐?'라고 말했을 때는 속으로 너무나 기뻤죠."

그는 동아리방에서 매일 살다시피 했다. 전공 수업은 빼먹어도 동아리 과제물은 밤새워 제출했다.

"저는 잘하는 것만 잘하려 하고, 못하는 것에는 노력하지 않아요. 전공으로는 2등밖에 안 될 것 같았는데 사진으로는 인정받았어요. 지금도 그래요. 저에게 A와 B, 두 가지 능력이 있는데 A는 굉장히 뛰어나고 B는 보통이라면 저는 A를 하라고 가르쳐요. A는 열심히 하면 A+가 될 수 있잖아요. 내가 잘하는 것을 더 열심히 해서 특화해야지, 중간인 것을 열심히 한들 1등은 될 수 없다는 거죠. 처음에는 칭찬받는 것을 즐겼지만 나중에는 내가 잘하는 것을 열심히 해서 최고가 돼야겠다고 생각했던 것 같아요."

셔터 누르는 소리를
평생 듣고 살았으면

대학 1학년 겨울, 동아리 동기들과 '기차를 움직이는 사람들'이라는 주제로 연작 사진을 찍으러 다녔다. 추운 겨울, 온몸에 기름때가 묻은 기차 수리공 위로 햇빛이 떨어지고 있었다. 그 장면을 놓치기 전에 빨리 찍어야겠다고 생각하며 수동 카메라의 셔터를 눌렀다. 뛰는 심장과 달리 익숙지 않은 손은 초점과 노출을 맞추는 데 서툴렀다. 1초도 안 되는 시간이 굉장히 길게 느껴져 마음을 졸였다.

"카메라가 '찰칵'거리는 소리를 듣는데 숨이 막혔어요. 셔터 누르는 소리가 어찌나 아름답던지, 이 소리를 평생 듣고 살면 좋겠다고 생각했어요."

대학 3학년, 학내 계간지에서 근로 장학생으로 사진을 찍기 시작했다. 학내 문화상에 사진을 응모하기도 했다. 중학교 1학년 때 접한 아버지의 죽음을 모티브로 삼아 사진을 찍기도 했다.

"제가 처음 선택한 주제는 죽음이었는데, 저의 상처와 기다림을 표현하고 싶었어요. 무엇을 찍을까 하다가 저를 키워 주신 할머니를 찍어 출품했어요. 할머니가 치매에 걸리셨으니 죽음이 임박한 느낌을 담았죠."

동기와 동아리 친구 들이 토익을 공부하고 취업을 위해 쫓아다니자 그도 슬슬 진로가 고민되기 시작했다. 선택의 폭이 좁은 사람은 그런 점에서는 행복했다.

"저도 무엇을 할까 생각해 봤어요. 그런데 아무리 생각해도 사진밖에 없는 거예요. 제가 하고 싶은 것도, 잘할 수 있는 것도 사진밖에 없더라고요."

카메라를 들고
세상 속으로

오 남매 중 셋째 딸이 직업으로 사진을 찍겠다고 선언했을 때 어머니는 반대하지 않았다. 다만 장사하는 홀어머니와 약속한 것은 대학을 졸업하면 독립해서 매달 수입의 일정 부분을 집에 생활비로 보태야 한다는 것이었다.

"일단 집에 손을 안 벌리려면 얼마나 벌어야 하는지 계산해 봤어요. 방값으로 월세 20만 원과 차비, 재료비 등 한 달에 50만 원만 벌면 되겠더라고요. 그래서 처음에 제 꿈이 한 달에 50만 원 버는 사진가가 되는 거였어요. 한 번도 성공하겠다, 돈을 많이 벌겠다고 생각하지 않았어요."

졸업할 때가 1994년. 사진작가로 50만 원을 버는 일은 쉽지 않았다. 사보를 찍고 웨딩 촬영도 하면서 닥치는 대로 일했지만 생활비는 부족했다. 개인 스튜디오가 없어 졸업한 뒤에도 대학 동아리 작업실을 찾아가 사진을 프린트하고, 복학생 선배들에게 얻어먹으며 이른바 '빈대'도 붙고, 사진을 그만둔 후배들의 인화지와 필름 재료를 얻어 쓰기도 했다.

저는 사진으로 밥 벌어 먹고산다는 것이
얼마나 힘들고 어려운 일인지 모르고 선택했어요.

하지만 자기가 사랑하는 일을 직업으로 갖는 것은 행운입니다.

궁핍하게 살았지만 원가는 생각하지 않았다. 인물 사진 한 컷을 의뢰받아도 후보작으로 스무 장의 작품을 인화해 갔다. 사진 한 컷을 촬영하고 15만 원을 받기로 했을 때도 재료비로만 36만 원을 사용했다. 인건비를 빼도 밑지는 장사였다.

"손해만 보지는 않았어요. 잡지사에서 한 컷을 의뢰했다가 제 사진이 좋다고 두 컷을 실어준 적도 많았어요. 원래는 15만 원을 받기로 했다가 결과적으로 30만 원을 받았으니, 6만 원만 손해 본 셈이죠. 하지만 일할 때는 그런 생각을 하지 않았어요. 초창기부터 한 컷 의뢰를 받아도 두 컷, 세 컷이 실렸어요. 주어진 만큼 하지 않고 그 이상으로 노력했던 것이 저에게 굉장히 도움이 된 것 같아요."

비전공자의
설움

대학 졸업 이후 사진작가로 첫발을 내디뎠을 때는 사실 그도 막막했다고 한다. 사진 전공자가 아니었고 여성이었기에 '비주류 작가'라는 수식어가 따라다녔다. 다른 사진작가들과 다르다는 것이 수많은 사진 전공자들 사이에서 살아남는 무기가 될 수 있다는 것은 한참 뒤에 드러났다. 힘들지 않았는지 물었더니 그는 한 번도 자신의 조건이 마이너스라고 생각한 적이 없다고 강조했다.

"여자인데 남자 성격인 거죠. 시선은 여성적인데 표현 방식은 터프해, 남자들만 있는 세계에서 여자 혼자 있으니 얼마나 독보적이고 돋

보여, 이렇게 생각했어요. 또 사진 전공이 아닌 것도 제가 잘나가니까 괜찮던데요."

　정확히 말하자면 괜찮아진 것은 사진작가로 입문한 지 5년이 지난 뒤의 일이었다. 바꿔 말하면 초창기 5년 동안은 매우 힘들었다.

　"저는 사진으로 먹고산다는 것이 얼마나 힘들고 어려운 일인지 몰랐어요. 좋아하는 것이 이것밖에 없어 선택했지만, 만약 조금이라도 알았다면 사진을 선택하지 않았을지도 모르죠. 사실 입문 초기에는 막막했어요. 포토그래퍼 모임에 가도 아무도 말을 걸어 주지 않아 속으로 아파하고 매일 울기도 했죠."

　심지어 네 명의 작가가 한 프로젝트를 다른 시각으로 촬영하는 의뢰가 들어 왔는데 1시간 뒤에 그 프로젝트에서 제외됐다는 통보를 받기도 했다.

　"나중에 알고 보니 세 명은 사진계의 주류인 모 대학 사진학과 출신들인데 저와 같은 급으로 일할 수 없다고 말해, 잡지사로서는 저를 포기한 거죠. 그때는 억울했는데 지금 생각해 보니 이해되기도 해요. 저는 경력이 없는 신인이니 급이 다르다고 생각할 수 있겠죠."

원하는 것을 말하지 않으면
절대 얻을 수 없다

　　　　　　　대학에서 사진을 전공하지 않았다는 불안감에 대학원 문을 두드렸다. 부족한 이론을 보충하기 위해 열심히 공부했다. 이 경험 역시 결과적으로 인생에 큰 도움이 됐다.

"탈락했어요. 다행스럽게도 운명적으로……."

당시에는 그도 절망했다. 하지만 짝사랑하는 연인을 버릴 수 없듯 좋아하는 사진을 포기할 수 없었다. 선배들을 찾아다니며 사진계의 고수에 대한 정보를 모으다가 포트폴리오를 준비해야 한다는 말을 들었다. 모델을 살 돈이 없으니 여동생을 찬 바닷물에 떠 있게 하고 찍었다. 남들이 보기에는 백수인 이 사진작가 지망생은 반년 동안 준비한 사진 작품을 들고 김중만 작가를 찾아갔다. 다행히도 스승은 그를 받아주었다. 김중만은 "너를 '한국의 사라 문'으로 만들겠어."라고 중얼거렸다.

"저는 '사라 문'이 누구인지 몰라서 속으로 '문사라'라는 사람이 있나 보다 하고 생각했죠. 나중에 알고 보니 프랑스의 유명한 여류 사진가 이름이었어요. 그때 제가 가지고 갔던 포토폴리오의 사진들은 입자가 굵은 톤이었는데 사라 문이 그런 톤의 사진을 찍더라고요. 왠지 그런 사람이 되어야 할 것 같은 의무감이 들었어요."

스승을 보조하면서 실력도 늘어갔다. 하지만 기회는 쉽게 오지 않았다. 그에게 비중 있게 배정된 촬영도 직전에 다른 어시스턴트가 가로채는 일이 반복됐다. 방법을 바꿔야 했다. 자신의 장기를 발휘해야 하는 순간이었다.

"집에서도 다섯 중 가장 눈에 띄지 않는 셋째 딸로 자랐어요. '원하는 것을 말하지 않으면 절대 얻을 수 없다.'는 것을 본능적으로 알고 있었죠."

인생의 전환점이 된 배우 이정재 촬영은 이상할 정도로 고집을 부려 성사된 일이었다. 스승이 이정재 촬영하는 것을 보조하면서 언젠가 이 아름다운 피사체를 직접 촬영하겠다고 생각하며 실력을 쌓고 기회를 노리고 있었다. 1년 뒤 신생 잡지의 편집장이 화보 모델이 배우 이정재인데 누가 찍으면 좋겠느냐고 질문했다. 스물다섯 살짜리 어시스턴트는 당돌하게 말했다.

"제가 제일 잘 찍을 것 같은데요."

황당해하는 편집장에게 무조건 졸랐다.

"사람들은 제가 경험이 없다고 하죠. 그런데 처음이 있어야, 두 번째가 생기고, 세 번째 경험도 쌓이지 않나요? 편집장님이 저에게 처음이 되어 주세요."

운 좋게도 당시 이정재의 매니저가 이 당돌한 어시스턴트와 안면이 있었고, 그의 가능성을 인정했다. 전문가들이 조선희를 다시 보게 된, 이정재가 담배를 문 사진은 이렇게 해서 탄생했다.

외환위기 직후
스튜디오를 오픈하다

김중만을 사사한 지 3년 반 되던 해, 실력에 대한 막연한 갈증에 뉴욕으로 떠났다. 2000만 원이 모이면 유학을 가겠다는 꿈이 있었다. 영화에서 센트럴파크와 이국적인 건물들을 보면 가슴이 설렜다. 조선희는 사진 기술을 가르치는 대학에 무작정 찾아갔다.

인생을 걸겠다는 각오가 돼 있었기에 전 재산을 거는 것은 아깝지 않았다.

"저에게는 그 돈이 전 재산인데, 한 학기 공부도 마칠 수 없는 돈이라는 거예요."

두 달 동안 영어 공부만 하고 돌아왔지만 단순한 시간 낭비는 아니었다. 분명한 깨달음이 있었다.

"뉴욕에서는 제가 무용지물인데 한국에서는 제 사진을 좋아해 주는 사람들이 있다는 생각이 문뜩 들었어요. 공부를 하기에는 일을 너무 사랑하고 있었던 거죠."

뉴욕 생활을 청산하고 남은 돈으로 사진 장비를 사서 이고 지고 서울로 돌아왔다. 정확히 두 달 뒤 1000만 원을 빌려 스튜디오를 오픈했다.

"하늘이 도왔는지 월세가 쌌어요. 강남에 원하는 건물도 비어 있었고, 월세는 몇 달 사이 절반으로 떨어져 있었어요."

이유는 있었다. 그때가 1998년 9월, IMF 외환위기 직후였다. 기업들이 연쇄적으로 도산하고 광고가 급감하면서 잘나가던 스튜디오도 난파선을 버리듯 일제히 문을 닫을 때였다.

"모두들 다시 생각해 보라고 말렸지만, 저에게는 기회였어요. 무모하게 사업을 벌인 것이 아니라 사실은 냉정하게 따져 봤어요. 강남에 스튜디오를 빌리면 월세 50만 원만 내면 되죠. 촬영 때마다 스튜디오를 빌려 쓰고는 했는데, 한 번에 임대료가 10~20만 원씩 들었고, 강남에서 촬영이 끝나면 밤늦게 강북에 있는 집까지 가는 데 택시비도 많이 들었어요. 차라리 강남에 스튜디오를 빌리고 거기서 살면 되겠다 싫었죠. 지하 스튜디오 안에 방을 만들어 넣고 2년 동안 추운 방에서 살았어요. 남한테 신세 지는 일에도 지쳤을 때였어요. 어떤 지인은 저에게 스튜디오를 빌려주기로 한 날, 세 번이나 문을 잠가 놓고 사라지기도 했어요. 그런 일이 반복되면서 개인 작업실을 가져야겠다고 결심했죠."

외환위기로 광고와 잡지 일거리가 줄어들면서 사진 업계도 타격을 받았지만 이상하게 그의 스튜디오에만 일거리가 몰렸다.

"한 번 작품을 의뢰받으면 잘할 때까지 하려고 노력했어요. 의뢰인은 물론이고 스스로 만족할 때까지요."

그가 간절히 원한 것은 월세 50만 원을 내는 것이었다. 1000만 원을 빌려 스튜디오를 임대한 것은 어쩌면 무모한 시작이었을지도 모른다. 하지만 불과 5년 만에 근처에 4층짜리 멋스러운 스튜디오를 지어 이사하게 될 줄은 자신도 예상치 못했다.

이영애 광고의
비밀

사진작가 조선희의 인생에서 실패한 기억을 들려 달라고 했더니 "없다."는 답이 돌아왔다. 솔직한 성격의 그가 거짓말을 한 것은 아니었다. 하지만 필자가 보기에 '실패한 기억'만 없을 뿐 '실패한 경험'은 수없이 많았다. 다만 그는 악착같이 달려들어 실패를 기회로 만들었다. 포기를 모르다 보니 성공했고, 결과적으로 실패한 적이 없는 듯한 착시 현상을 만들어 낸 것이다.

스튜디오를 오픈하고 반년도 되지 않았을 때였다. 1999년 배우 이영애를 찍은 한 장의 사진이 어느 캐주얼 브랜드의 광고로 이어지면서 소위 '대박'이 났다. 이때도 실패로 끝날 뻔한 일을 성공으로 만들었다.

배우 이영애가 아프리카에서 봉사활동하는 모습을 다큐멘터리처럼 촬영하라는 의뢰를 받고 에티오피아로 날아갔다. 혼자서 비행기를 세 번이나 갈아타고 스태프도 없이 모델이 입을 여러 벌의 옷을 들고 약속한 호텔에 도착했는데, 느낌이 이상했다.

"호텔 프런트 직원에게 이영애 씨 일행에 대해 물었더니 '한국인이라고는 당신이 처음이다.'라는 답변만 돌아왔어요. 당시에는 휴대전화도 없고 아프리카에서는 국제전화도 잘 연결되지 않았어요. 무작정 기다리기도 뭐해서 혼자 근처에서 사진도 찍고 돌아다녔는데 그게 얼마나 위험한 행동인지 나중에야 듣고 가슴을 쓸어내렸죠.

며칠 뒤에 호텔 로비에 이영애 씨 같은 사람이 서 있는 거예요. 제가 불렀더니 '어머, 선희야 진짜 왔니?'라고 말하는 거예요. 알고 봤더니 저를 보낸 지인이 이영애 씨와 농담처럼 말하다 나온 이야기였던 거죠. 옷 입혀서 사진만 찍어 오면 된다는 지인의 이야기와는 달리, 정식 계약이 아니었던 거예요. 이영애 씨가 '진짜 왔니?'라고 하는 순간 눈물이 쏟아졌어요. 며칠 동안 불안해하면서 막연히 기다리다가 한국 사람들을 보는 순간 안도감과 함께 지인에 대한 배신감이 겹쳐진 거죠. 더구나 이영애 씨는 모든 스케줄이 바뀌어 이미 촬영을 마친 뒤였고, 중간에 합류한 저는 한 컷도 찍을 수 없는 상황이라는 말에 서러워서 펑펑 울게 된 거예요."

스물여덟 살짜리 사진작가가 바닥에 주저앉아 눈물을 쏟아내자 당황한 것은 그들이었다. 권한을 가진 담당 피디가 도와주겠다고 나섰다. 원래 있던 봉사활동 장소는 너무 멀어서 돌아갈 수 없지만, 3시간 떨어진 비슷한 곳에 가서 이영애 씨가 봉사활동을 하고 사진을 찍게 해 주겠다는 것이었다.

"지금 생각해 봐도 천사인 거죠. 그분들은 다시 갈 이유가 없었어요. 이영애 씨만 가는 것이 아니라 가이드와 운전기사, 피디까지 네 명이 다시 도로를 달려 이동해야 했어요. 말도 안 되는 호의였지만 사정이 너무 딱하니 저를 도와준 거였어요. 무작정 며칠을 기다렸다가 단 3시간만 촬영하게 됐지만 보람이 있었어요."

산고 끝에 낳은 이 작품은 옥동자로 드러났다. 사진을 건네주고 받은 돈은 250만 원. 출장비와 재료비도 안 됐지만 뜻밖의 기회로 이어졌다. 자신이 촬영한 배우 이영애 사진이 압구정동 한복판에 있는 백화점에 두 달 동안 내걸렸다. 그 사진을 본 캐주얼 브랜드에서 사진작가를 수소문한 것이다. 그 인연을 시작으로 조선희는 지금까지 10년 이상 줄곧 그 브랜드의 광고 사진을 찍고 있다.

피사체를 카메라 앞에서
놀게 하라

이 사진작가가 고수하는 원칙은 단 하나, 피사체와 벽을 허물고, 있는 그대로 담는 것이다. '피사체를 카메라 앞에서 놀게 해야 한다. 사진을 찍는다는 것은 소통이고, 소통에는 벽이 없어야 한다.' 20년 동안 변함없는 이 철학은 조선희를 사진작가로 인정받게 하는 버팀목이 됐다.

한번은 그가 드라마 작가 김수현의 촬영을 맡은 적이 있었다. 잡지에 쓸 인물 사진을 찍기 위해 기자의 인터뷰에 동행했다. 7시간의 인터뷰를 마치고 함께 되돌아오던 기자는 사진작가에게 의아하다는 듯이 물었다. 왜 지금까지 안 가고 있었느냐는 것이다.

"제가 '왜요? 지금까지 남아 있는 게 이상해요?'라고 반문했더니 다른 사진작가들은 인터뷰 초기에 먼저 찍고 돌아간다고 하더라고요. 그런데 저는 인터뷰를 들으면서 중간중간 느낌이 나오면 사진을 찍고 질문도 하고 관찰하며 인터뷰가 끝난 뒤 정식으로 사진을 찍었거든요. 사진 한 컷을 찍는 데 저는 7시간을 쓴 거죠. 저는 처음 만난 사람이니 그 사람에 대해 알고 싶었어요. 잘 알아야 인물 사진을 잘 찍을 수 있다고 생각했고, 그렇게 하는 것이 좋았어요. 세월이 지나서 되돌아보니 진심이 사진을 찍는 데 도움이 된 것 같아요. 한 컷을 의뢰받으면 두 컷, 세 컷을 작품으로 내려고 노력하고, 두 컷이 주어지면 네 컷, 다섯 컷을 찍으려고 노력했어요."

월드컵이 있던 2002년에 촬영한 축구선수 '박지성의 발' 작품도 그렇게 해서 나왔다. 처음부터 발을 찍겠다고 마음먹은 것은 아니었다.

"그날도 기자와 같이 앉아 박지성 씨의 이야기를 듣고 있었어요. 어린 시절 맨발로 축구 연습을 했다는 말을 듣는 순간, '그럼 그 발에 스토리가 있겠다.'고 생각하고 발에 카메라를 들이댔어요."

영화 포스터를 찍기 위해
14년을 기다리다

그는 활동 영역을 꾸준히 넓혀 왔다. 인물 사진을 잘 찍는다고 소문이 나면서 인물 사진 의뢰가 이어지자, 새로운 영역을 개척하기 위해 한동안은 인물 사진 촬영을 거절하기도 했다.

"김수현, 백남준, 정경화 씨 등 잡지에서 인물 사진 의뢰만 들어오는 거예요. 지금은 이런 분야도 좋아하지만 당시에 저는 스물여덟 살이었는데 그것만 하고 싶지는 않았어요. 패션 화보 사진이나 앨범 자켓, 영화 포스터 등 다른 작업도 해 보고 싶었거든요."

그 결과 패션 화보는 1년 뒤, 앨범 자켓은 2년 뒤, 영화 포스터는 10여 년 뒤 본격적으로 작업하게 된다. 특히 2시간짜리 영상을 한 컷으로 표현하는 영화 포스터 작업은 늘 해 보고 싶었지만 1년에 작품 하나도 하기 힘들었다. 흥행작이 아니면 부각되기도 어려웠다. 하지만 그에게는 또 다른 장기가 있었으니 바로 포기하지 않고 기다리는 것이다. 이정재 사진을 찍기 위해 1년간 기회를 노렸듯이, 영화 포스터를 찍기 위해 14년 동안 기회를 노렸다. 2011년 이후 영화 「써니」

「건축학개론」「변호인」「후궁」「7번방의 선물」「관상」「역린」 등 흥행한 영화 포스터를 촬영한 작가는 모두 조선희로 기록된다. 2013년에만 15편, 2014년에도 상반기에만 8편을 촬영했다. 영화 포스터 의뢰가 들어오면 시나리오를 철저히 읽는다.

"영화 포스터를 찍을 때 시나리오를 다 읽고 이야기를 한 장의 사진에 담는다면 어떻게 할지 끊임없이 생각해 봅니다. 일단 맡으면 잘할 때까지 하고 의뢰인을 만족시키려고 노력했어요. 그 분야에서 최고가 될 때까지 하는 거죠."

사람들이 조선희를
찾는 이유

착한 사람은 어디서나 환영받지만 사진계에서는 철저히 실력과 열정이 있는 사람이 인정받는다.

"제가 찍은 사진도 수천 컷이 다 좋을 수는 없어요. 1년에 서너 개 정말 좋은 사진을 찍으면 행운인 거죠. 그래도 사람들이 저에게 꾸준히 오는 이유는 일단 기대 이상으로 할 것이라는 믿음과 아무리 실패해도 어느 수준 이하로는 내려가지 않을 것이라는 확신, 그게 있어 오는 것입니다."

주업은 여전히 사진 촬영이지만 요즘은 대학에서 강의도 한다. 2009년부터 일주일에 하루만 강의하는 조건으로 대구 경일대학의 사진학과 정교수를 맡았다. 대한민국의 사진학과 교수 중 비전공자 출신으로는 그가 처음이다. 사진을 전공하지 않았고 대학원 시험에서도 탈락했지만 사진학과 대학생을 가르치고 있다. 조선희가 이겼다. 세상은 연줄 있는 사람이 아니라 실력 있는 사람, 열심히 사는 사람 편이었다.

대한민국에서 일하는
여자로 산다는 것

사진작가 조선희는 여자라서 불이익을 받은 적은 없다고 말했지만 냉정히 말하자면 그도 위기를 경험했다. 2006년 아이를 출산한 뒤 10개월간 작업 활동을 쉰 직후였다.

"맞아요. 여자 포토그래퍼로서 불이익이 없었다고 말할 수 있는 것은 출산 전의 얘기네요. 아이를 낳고 불과 10개월 쉬고 스튜디오로 돌아왔는데 3개월 동안 아무도 저에게 일을 맡기지 않았어요. 단골들도 외면했죠. 그때 사실 굉장히 괴로웠어요. 다시 사진을 찍을 수 있을까, 이 바닥이 이렇게 무서운 곳인가, 자존심도 상하고 두려웠어요. 또 이때가 기술적으로도 아날로그에서 디지털로 바뀌는 시기였는데 디지털에 대해서도 잘 모르니 앞이 막막하더라고요. 1년 반을 고생했더니 겨우 회복됐어요."

출산 이후 그는 겸손함을 배웠다. 이전에는 혼자만 잘하면 된다고 여겼지만 세상을 보는 시각이 달라졌다.

"이전에는 사람들이 다 사진 한 장 잘 찍으려고 만난 줄 알았어요.

마음에 들지 않으면 직설적으로 말했죠. 헤어 아티스트, 메이크업 아티스트, 스타일리스트 등 다른 사람의 입장을 고려해 본 적도 없고 그들이 상처를 받을 수 있다고는 생각하지 못했어요. 그런데 그게 아닌 거죠. 저도 소중한 존재가 생기고 보니 알겠더라고요. 그들의 이야기에 귀 기울이고 부드럽게 대하려고 노력하게 됐어요. 출산 이후 그런 시간들이 결과적으로는 득이 됐다고 생각해요. 그 시간이 없었다면 오만한 사람이 됐을 테니까요. 그 이후로 디지털 테크닉도 공부하고, 사진을 찍을 때도 준비를 많이 했더니 요즘은 출산 전보다 의뢰가 더 늘었어요. 그럼에도 조선희가 10개월 만에 없어질 수 있는 사람에 불과했구나, 그렇게 되지 않기 위해 열심히 하자고 늘 마음을 다잡죠.”

사진작가는 혼을 담아
이미지를 요리하는 사람

사진을 직업적으로 찍는 사람은 많지만 사진작가로 인정받는 사람은 그리 많지 않다. 사진작가는 피사체를 주관적으로 해석해 자기만의 색깔이 담긴 이미지를 만들어 내는 사람이다. 그는 사진작가의 역할을 요리사에 비유한다. 사진작가는 모델과 옷, 메이크업, 트렌드 등의 재료를 보기 좋게 요리하는 사람으로, 자신의 이름을 걸고 영혼을 담아 만드는 요리사와 같다.

“같은 스파게티를 만들어도 편의점과 전문점의 스파게티는 다르죠. 전문점의 셰프는 자기만의 스파게티를 만들잖아요? 누구나 사진을 찍을 수 있지만 기계적으로 찍어내는 사람과 영혼을 담아서 자기만의 색깔로 표현하는 사람은 다르죠. 사진작가는 자신이 생각하는 것을 담아서 새로운 비주얼로 만들어 내는 사람입니다."

그는 사진작가로서 작품이 호평받을 때 가장 보람을 느낀다고 말한다.

"사진을 한 지 20년이 지난 지금도 '「관상」 포스터 좋더라.' 이런 말 들으면 기분이 너무 좋아요. 굉장히 유아적이죠."

이 직업의 장점은 작품을 남길 수 있다는 것, 그리고 성공하면 큰돈을 벌 수 있으며 프리랜서여서 시간을 마음대로 쓸 수 있다는 것이다.

"순수 사진과 상업 사진의 경계가 없어진 지 오래됐습니다. 상업 사진작가들도 우리나라 예술의 전당이나 런던과 파리의 미술관에서 작품을 전시합니다. 예술로 평가받고 있다는 거죠. 나만의 시각으로 바라본 피사체가 작품으로 남고, 잘되면 돈도 많이 벌 수 있어요. 그리고 선장이 될 수 있습니다. 내 사진이니까 내가 책임져야 한다는 생각이 있어요. 스태프들과 미리 상의는 하지만 옆에서 아트디렉터가 아무리 말해 봤자 결국 0.1초 만에 작가가 좋을 대로 찍거든요."

단점은 끊임없이 경쟁하고 자신의 실력을 입증해야 한다는 것이다. 많은 돈을 벌 수도 있지만 초기에는 박봉이다.

"사람들은 저에게 제8의 전성기라고 하면서 어떻게 20년 동안 계속 잘나갈 수 있는지 물어요. 저는 사진을 찍기 전에는 늘 불안하고 바쁩니다. 몇 년 전까지만 해도 꿈에서 미리 사진을 찍느라 촬영 날 아침에는 어깨가 아플 정도였어요. 이제는 바쁜 것에 중독돼서 한가

한 것이 더욱 힘들어요. 다만 영감의 근원은 부족함에 있어요. 결핍을 채우려고 더 생각하고 공부하게 되니까요."

사진작가에게 필요한 자질
: 통찰력, 순발력, 카리스마

사진작가로 어떤 자질이 필요한지 물었다. 그는 자신이 기술적인 부분에 있어서는 재능이 많지 않았다고 회고했다. 그 대신 사물을 바라보는 통찰력과 열린 마음 덕분에 피사체의 특징을 잘 뽑아낼 수 있었다고 말했다.

"전체를 바라보는 혜안, 통찰력이 중요합니다. 순발력과 카리스마, 지도자적인 자질도 필요해요. 상황이 어떻게 변할지 알 수 없으니 순발력이 있어야 합니다. 한 번 촬영에 최소한 20~30명, 많게는 50~60명이 움직이는데 그 사람들을 끌고 가야 하는 사람이 바로 포토그래퍼입니다. 그러니 카리스마와 리더십도 필요하죠."

사사하겠다고 찾아오는 이들도 많지만 그가 면접을 볼 때 절대로 뽑지 않는 부류가 있다.

"유명해지는 데 관심 있는 사람은 뽑지 않아요. 정말 사진이 너무 찍고 싶어서 이 일을 하고 싶다면, 힘든 것도 견디고 발전할 수 있어요. 하지만 단지 유명한 사람이 되고 싶어서 시작하면 절대로 유명해지지 않아요. 왜냐고요? '유명함'을 좇다 보면 자기를 버리게 되거든요. 이렇게 하면 유명해지나, 저렇게 하면 돈을 많이 버나 생각하다 보면 자기를 잃어버리기 쉽죠. 이 일을 정말 좋아해서 잘하고 싶고 내 중심이 있는 사람이라면, 열심히 하다 보면 명예도 돈도 따라오게 돼 있어요. 그런데 앞뒤가 바뀐 사람들은 그게 안 돼요. 욕심으로 꽉 차 있는 사람들은 빨리 그만둬요, 힘들고 박봉이니까."

좋아하는 일을
업으로 삼는다는 것

그는 젊은이들에게 자기가 좋아하는 일을 찾는 것이 제일 중요하다고 강조한다.

"저도 사진으로 밥 벌어 먹고산다는 것이 얼마나 힘들고 어려운 일인지 모르고 선택했어요. 하지만 자기가 사랑하는 것, 자신이 가장 잘할 수 있는 것을 직업으로 갖는 것은 행운입니다. 사랑하기에 포기하지 않고 힘든 부분까지 극복할 수 있는 것 같아요.

자기가 좋아하는 일을 찾는 것이 중요해요. 어떤 사람은 20대 후반, 30대 후반에 찾을 수도 있지만 빨리 찾으면 좋겠죠. 하기 싫은 일을 돈 벌기 위해서 하면 괴로울 것 같아요. 자기가 좋아하는 일이라면 힘들어도 잘하고 싶으니까 극복할 수 있잖아요. 내가 무엇을 하고 싶어 하는지 알려면 자신과 대화를 해야 합니다. 대화하는 방법을 모르면 일단 많은 경험을 하고 책도 많이 읽어야 합니다. 어떤 구절이 마음에 팍 박힐 때가 있으면 메모하고 계속 생각합니다. 왜 이 구절이 나에게 와 닿았을까 하고. 그것이 바로 자기와의 대화입니다."

그의 꿈은 여전히 현재진행형이다. 최소한 한국에서는 실현하기가 만만치 않아 보인다.

"제 꿈은 죽을 때까지 필드에서 사진을 찍는 거예요. 외국에서는 70, 80대까지 광고 사진을 찍는 사람도 있고, 현장에서 이름을 불러가며 자유롭게 일해요. 저도 젊은 사람들과 친구처럼 일하고 싶어요. 스태프나 기자와도 스무 살 차이가 나더라도 '선생님'으로 불리지 않고 언니, 오빠로 격의 없이 부르고 반말하면서 작업했으면 좋겠어요."

인터뷰를 마치면서 감동적이라고 했더니 자신이 많이 부족했다고 말했다. 동의한다. 말로는 그녀가 살아온 치열한 삶을 담기에 부족하다. 그의 삶은 영감(Inspiration) 그 자체이기 때문이다.

Tip1. 사진작가가 되려면?

사진작가는 스튜디오, 사진관, 현상소, 신문사, 잡지사, 영화사, 광고 업체, 이벤트 업체 등에서 일하거나 프리랜서로 활동할 수 있다. 신문사와 잡지사, 기업 홍보실 등에 진출하기 위해서는 공채 시험에 응시해야 한다. 스튜디오와 사진관에 취업하면 인턴 등으로 실무를 익히게 된다. 사진 콘테스트에 입상한 경험이 있으면 유리하다.

전공 제한은 없으나 대게 대졸자와 전문대졸 이상의 학력을 요구한다. 관련 학과로는 사진학, 사진영상학, 사진예술학 등이 있다. 대학 진학 시 실기 시험을 보기도 한다.

미적 감각과 상상력, 창의력, 순발력, 공간 판단력이 있어야 하며 카메라 조작과 관련된 기술을 이해하고 응용할 수 있는 능력이 필요하다.

Tip2. 종사자 수와 연봉

한국직업능력개발원에 따르면 사진작가와 사진사로 활동하고 있는 직업인은 1만 5100명이며 이 가운데 임금 근로자는 5500명(36.4퍼센트)으로 프리랜서가 더 많다. 남성이 74.5퍼센트, 여성 25.5퍼센트를 차지하고 있으며, 종사자들의 평균 연령은 40.8세이다. 평균 13.7년의 학력에 평균 계속 근로 연수는 7.7년이다. 월평균 수입은 195만 원이다.

조선희 작가는 "한 컷에 1만 원을 받는 사람도 있고, 한 컷에 1000만 원을 받는 사람도 있어 수입은 천차만별"이라고 덧붙였다.

Tip3. 10년 뒤 직업 전망

사진은 초창기에는 예술로 인정을 받지 못했으나 19세기 사진만이 표현할 수 있는 독특한 양식을 확립하며 독자적인 예술로 인정받기 시작했다. 사진작가가 다루는 영역도 점차 넓어지고 있다.

학계에서는 두 가지 방향을 예상한다. 첫째는 영역이 넓어지면 궁극적으로 포토그래퍼라는 직업은 없어지고, 종합적인 분야를 다루는 '비디오 아티스트'가 될 것이라는 전망이다. 둘째는 사진의 고유 영역을 지키며 독창적으로 계속 발전해 갈 것이라는 예상이다. 이 관점에서는 사진이 처음 등장했을 때 회화가 없어질 것이라는 전망도 있었지만 회화가 고유 영역으로 살아남은 것처럼, 동영상이 발전해도 사진의 고유 영역은 남을 것으로 본다.

시각적 표현물이 중시되면서 사진작가의 수요는 계속 있을 것이고, 표현의 독창성이 강조될 것으로 전망된다.

인류 최초의 직업이자 최후의 직업

요리사
이병우

1955년 포항에서 태어나 영등포공업고등학교를 거쳐 경희대 호텔경영전문대학 조리학과를 졸업
했다. 1982년 롯데호텔에 입사해 2000년부터 서울롯데호텔의 총주방장으로 일하고 있다. 2010년
석탑산업훈장을 수상했으며 2010년 대한민국 조리명장으로도 선정됐다.

"

요리사는 인류 최초의 직업이자 최후의 직업입니다. 인간이 태어나서 제일

처음 하는 것이 엄마 젖을 먹는 것입니다. 사람은 마지막 순간까지 음식을

먹죠.

"

패션과 요리의 도시 파리. 180센티미터로 동양인치고는 꽤 키가 큰 남자가 후줄근한 옷차림으로 매일 별 두 개짜리 레스토랑에 출근한다. 느긋한 파리지앵에게는 이른 시각인 아침 7시, 그는 가장 먼저 주방에 나와 분주하게 양파 껍질을 벗기고 생선을 손질하며 점심을 준비한다.

점심시간이 되자 임박한 공연에 입장을 서두르듯 레스토랑에는 손님들이 몰려든다. 잔잔한 배경 음악 사이로 눈으로 먼저 먹는다는 화려한 코스 요리가 주연 배우처럼 위풍당당하게 테이블 위로 입장한다. 최소 2시간 식사가 기본이라는 프랑스 고급 레스토랑의 느긋한 풍경이다.

무대 뒤편인 주방은 전쟁터다. 재료 파편이 튀고, 불길이 인다. 주방장의 지휘 아래 요리사들이 일사불란하게 약속된 시간, 최적의 순간에 요리를 맞추어 내기 위해 고군분투한다. 재료를 손질하는 견습생 가운데 키 큰 동양인이 바로 요리사 분야의 멘토로 소개할 이병우다. 저녁 손님들의 후식까지 내놓고 마무리하면 자정이 넘은 시각, 그렇게 기나긴 하루의 1막 1장이 끝난다. 지금으로부터 30년 전 일이다.

"한마디로 '거지같이' 살았죠. 1년 동안 낯선 땅에서 하루 17시간씩 일했으니 고3 수험생보다 더 힘들었죠."

군대식 위계질서가 강한 주방에 등장한 이방인은 처음에는 무시당했다. 프랑스 요리를 배우겠다며 파리의 한 식당에 도착한 그의 포부는 20세기 초 대한 독립을 위해 유럽에 간 이준 열사의 비장함보다 덜하지 않았다. 하지만 콧대 센 현지인들에게 그는 그저 눈에 띄지 않는 불법 체류자 가운데 한 명일 뿐이었다.

하지만 키 큰 남자의 몇 가지 장점이 요리사들의 눈에 금세 띄었다. 우선 손놀림이 빨랐고 누구보다 성실했으며 외국인 견습생으로는 드물게 프랑스어로 의사소통이 가능했다.

재료 손질만 하던 이 견습생의 위치는 격상됐다. 외국인으로는 유일하게 한 포지션을 맡아 다른 견습생들의 시샘을 샀다. 야채 요리 코너 임무를 완벽하게 해내자 다음에는 생선 요리 코너가 맡겨졌다. 식당에서 일하는 것이 익숙해질 즈음 그는 더 유명한 셰프를 찾아 레스토랑을 옮겼다. 거기서 1년 동안 또다시 '거지 같은' 견습생 생활을 반복했다.

다음 해 그는 한국으로 돌아와 롯데호텔에 입사했다. 그리고 18년 뒤 서울롯데호텔의 총주방장이 됐다.

파리 식당의 견습생,
호텔 총주방장이 되다

　　　　　　15년 동안 롯데호텔 총주방장으로 일해 온 이병우 요리사. 평소보다 조금 한가하다는 휴일에 그의 직장인 서울롯데호텔로 인터뷰를 위해 찾아갔다. 요리사에 대해 갖고 있던 편견 가운데 하나가 과묵하고 외국어를 썩 잘하지 못하며 외모에 무관심하리라는 것인데, 이러한 선입견이 사라지는 데는 1분도 채 걸리지 않았다. 이병우 총주방장은 자신의 키를 20센티 이상 높여 주는 하얀색 모자를 쓰고 세련된 모습으로 나타났다. 그는 배불뚝이 주방장이 되지 않으려고 운동도 하고 자기 관리를 철저히 한다고 했다. 명장 요리사들은 실력만큼이나 자신의 스타일 관리에도 열심인 듯하다. 관심사도 국제적이다. 요리가 여러 나라의 맛과 문화를 담는 일인 만큼 요리사는 어떤 직업보다 국제적인 안목을 갖는 것이 중요하다는 것이다. 두 시간 남짓 인터뷰가 끝나자 필자의 눈앞에는 한 명의 예술가가 앉아 있었다.

　이병우 요리사는 '프린스 유진' '메트로 폴리탄' 등 호텔에서 운영하는 간판 양식당을 거쳐 만 46세에 롯데호텔의 총주방장이 됐다. 롯데호텔이 운영하는 10여 개 식당을 책임지고 250명의 요리사를 지휘하는 일이다. 그가 한평생 요리를 하겠다는 뜻을 품은 것은 열아홉 살 때였다. 공업고등학교를 졸업했지만 공장에는 가고 싶지 않았고 막연히 요리를 하겠다고 선택한 곳은 2년제 대학의 호텔조리학과였다.

　"그냥 요리를 하면 괜찮겠다고 생각했어요. 이전까지는 '요리사'라고 하면 시골에서 먹고살기 힘든 사람들이 식당에서 숙식 해결하려고 일하는 직업 정도로 여겼어요. 하지만 제가 대학에 갈 때쯤 일본인들이 무비자로 들어오고 국내에 특급 호텔이 생기면서 요리사의 이미지가 달라지고 있었어요. 외식이라고 해 봐야 경양식점에서 돈가스나 비프커틀릿 정도를 맛보던 상황에서 외국 체인 호텔의 셰프들을 통해 새로운 요리를 접하게 됐죠. 학교에서 유니폼을 입고 처음 보는 요리들을 배우며 이것이 진짜 새로운 분야라고 생각했죠."

당시만 해도 한국인 요리사가 거의 없었다. 그는 현대식 호텔 요리사로는 1세대에 속한다. 그가 요리를 공부하려고 대학에 입학하면서 가장 먼저 한 것은 서울에 있는 프랑스 문화원에 등록한 일이다. 서양식 요리의 진수라는 프랑스 요리를 배우려면 언어부터 배워야 한다고 생각했다. 2년 동안 호텔조리학과에서 공부한 것과 비슷하게 문화원을 다니며 프랑스어를 익히는 데 공을 들였다. 졸업 직후 요리의 본고장인 프랑스 파리로 유학을 갔는데 앞서 말한 대로 프랑스어 실력은 현지에서 큰 무기가 됐다.

호텔 총주방장은
어떤 일을 할까

30년 동안 요리사로 일하고 15년 동안 호텔 총주방장으로 일해 온 이병우 요리사. 요리사의 가족들은 맛있는 요리를 자주 먹어 좋겠다고 상상하기 쉬운데 현실은 어떨까? 그는 매일 아침

8시에 출근해 저녁 8시나 9시쯤 퇴근한다. 집에서는 일주일에 한 번, 일요일 아침만 식사하고 매일 아침 직장인 호텔에서 크루아상과 커피로 하루를 시작한다. 교사가 자신의 자녀를 직접 가르치지 않듯이 요리사가 집에서 요리하는 경우 역시 드문가 보다.

서울롯데호텔에는 다섯 개의 체인 호텔이 있어 서울호텔 총주방장은 이 호텔들의 식당을 직·간접적으로 관리한다. 관리하는 요리사만 250명에 달한다. 새로운 식당이 새롭게 문을 열면 레이아웃과 장비, 메뉴 구성까지 일일이 챙긴다. 평소에는 직원을 관리하고 요리의 질을 체크하며, 중요한 행사가 있을 때는 직접 메뉴를 구성하고 만들기도 한다.

기억에 남는 행사 가운데 하나는 2012년 한국에서 열린 '핵 안보 정상회의'이다. 모든 뉴스에서는 각국 정상들을 부각시켰지만 이병우 총주방장은 배우자들에게 초점을 맞췄다. 총주방장이 맡은 역할이 바로 각국 정상 배우자들에게 내놓을 오찬을 준비하는 일이었던 것이다.

"요리사들은 정상들보다 퍼스트레이디들이 참여하는 오찬에 더욱 신경이 쓰입니다. 부인들은 시간에 덜 쫓기고 음식에 관심이 많아 심혈을 기울여야 합니다."

동일한 스테이크 메뉴라도 사람에 따라 요리가 다르게 나간다. 채식주의자가 있는지 확인하는 게 우선이다. 채식주의자에도 여러 종류가 있는데, 유제품만 먹는 채식주의자도 있고 계란만 먹는 채식주의자도 있다. 이슬람교도에게는 할랄 고기(이슬람식으로 제를 지낸 다음 정해진 방식으로 도살한 고기)만 제공해야 한다. 그래서 요리사들은 갈비구이를 내더라도 채식주의자에게는 두부를 이용해 스테이크를 만들어 내놓고 달걀을 먹는 부인에게는 계란에 야채를 넣은 요리를, 유제품만 먹는 채식주의자에게는 치즈를 넣은 요리를 제공하고 이슬람 수상 부인에게는 할랄 고기를 내놓는 식으로 맞춤식 요리를 제공했다.

"잘못하면 외교 문제로 비화할 수도 있어요. 이슬람교도가 먹는 음식에 돼지고기는 절대 넣으면 안 되고, 쇠고기라도 할랄 인증을 받은 고기인 것은 기본이고 요리 과정에 술이 들어가도 안 되죠. 저는 메뉴 방향을 정해 주고 모든 메뉴를 테스트하고 지시하고 직접 맛도 보죠."

2002년 한일 월드컵의
숨은 주역

전문가들은 때로 자신의 일을 제외한 분야에는 철저히 문외한이 되기도 한다. 모두가 열띤 응원을 하며 즐겼던 2002년 한일 월드컵. 국민들은 2002년 월드컵 하면 박지성 선수가 포르투갈전에서 넣은 환상적인 골과 스페인과의 8강전 승부차기에서 홍명보 선수가 넣은 마지막 골을 떠올린다. 그런데 이병우 총주방장은 월드컵 당시 VIP들이 먹은 요리부터 기억한다. 소속 호텔이 축구협회의 공식 지정 호텔로 지정돼, 경기가 열릴 때마다 이병우 요리사가 음식을 준비해야 했기 때문이다. 경기가 전국 각지에서 열리니 그도 서울과 수원, 인천 등지의 축구 경기장으로 가서 이동식 주방을 운영했다. 경기장 안의 프라이빗 룸에 음식을 세팅하고 VIP들을 위해 점심이나 저녁 경기에 맞춰 음식을 세팅했다.

"고생이 많았죠. 요리사들은 경기가 있는 전날 새벽 2, 3시부터 경기장에 가서 음식을 준비하는데, 비행기도 탈 수 없어서 차로 이동해야 했어요. 대전 경기장이라면 인근의 주방을 빌려서 사전에 확인하는 식이었어요. 핵심 요리사만 50명, 보조 인력까지 100명을 투입해 음식을 세팅하는 작업이었어요. 세계축구협회가 필수로 지정한 메뉴와 우리가 독창적으로 준비한 메뉴를 함께 세팅해야 하는데, 매일 주방을 옮겨 다녀야 하니 다들 엄청 고생했지요. 준비를 위해 4년 전 프랑스 월드컵 때 현지 견학도 했지만, 지역마다 여건이 다르니 신경 쓸 점이 많았죠. 무사히 끝냈을 때는 보람도 컸지만요."

요리계의 히말라야를
정복하다

15년째 롯데호텔의 수장을 맡고 있는 그에게 힘든 일은 없는지 물었다. 요즘도 하루하루 메뉴 구성이 만만치는 않지만 내공이 쌓여 특별히 힘든 것은 없다고 이야기했다.

"히말라야에 한 번 올라가 본 사람에게 두 번은 쉽죠."

돌이켜보면 그는 요리사 인생 9년차에 이미 히말라야를 경험했다.

1992년 4월 싱가포르 살롱 컬리너리와 9월 독일 프랑크푸르트 대회가 열렸다. 평소 경쟁자였던 한국의 특급 호텔 주방장들이 함께 팀을 이뤘다. 한국 대표단은 더운 요리 부문에서 소갈비에 야채를 넣고 구워 낸 요리로 단체전에서 금메달과 은메달을 받았다. 독일 대회에서는 구본길 조리장이 개인전 금메달을 따냈다. 이때 총감독 겸 코치가 바로 이병우 요리사였다. 그는 메뉴 구성과 음식 프리젠테이션 등의 연출과 지휘를 맡았다.

"2박 3일 동안 열리는 행사에 여섯 명의 선수가 출전했어요. 80여가지 요리를 미리 만들어 보고, 6개월 동안 메뉴를 구상하고 준비해야 했죠. 한국 대표단은 저보다 직급이 높은 부장과 과장 등 경쟁사 호텔의 선배들까지 팀을 이뤄, 이른바 '다국적군'으로 출전했고 저는 막내였지만 총감독 겸 코치 역할을 했어요. 결과가 좋아 보람이 있었죠."

그의 전공은 프랑스 요리지만 총주방장이 되고 난 뒤 한식, 중식, 일식도 가리지 않고 하게 됐다. 요리도 일정 경지에 오르면 특정 문화권 음식에 집착하기보다는 여러 가지를 동시에 볼 수 있게 된다고 한다.

1996년에 그는 호주요리대회에서 '아시아의 위대한 주방장' 상을 수상했다. 그때 내놓은 요리가 된장 소스를 곁들인 푸아그라(거위 간)

고추장구이였다.

"한국적인 맛이 나는 거위 간 요리를 생각했습니다. 느끼한 거위 간에 고추장을 발라 구웠더니 담백한 맛을 낼 수 있었죠."

또한 이병우 요리사는 특급 호텔 주방장으로는 유일하게 고용노동부와 산업인력공단이 주관하는 '2010년 대한민국 조리명장'에도 선정됐다. 최고의 위치에 오른 요즘은 후학 양성에도 에너지를 쏟고 있다.

한식의 격을
세계에 알리다

그는 최근 '한식의 세계화'에 관심을 갖고 노력을 기울이고 있다. 2011년 미국 로스앤젤레스에서 한식 세계화 대회가 열렸을 때의 일이다. 로스앤젤레스 영사관 관저를 빌려 유명 인사들을 초청하는 '한국의 밤'에서 그가 요리를 맡았다. 행사장에 나온 주메뉴는 신선로였다. VIP 인사들은 이렇게 맛있고 우아한 요리가 무엇이냐며 궁금해했다. 평소 인색한 평가로 소문난 한 음식 평론가는 《LA타임스》에서 신선로를 이렇게 평가했다.

"신선로라는 한국 요리, 한식이 이렇게 격 있게 나올 수 있으리라고는 아무도 예상치 못했다."

주방에서 요리를 지휘했던 이병우 총주방장은 가슴이 뭉클해졌다.

"한국이 강점이 있는 따뜻한 요리를 내기로 하고 신선로를 골랐어요. 우리나라는 찬 음식보다 더운 음식이 발전했거든요. 국물을 즐겨 먹는 데다 즉석에서 구워 먹는 문화도 있죠. 전골, 불고기, 갈비구이가 한국 음식의 상징이 된 것도 이런 특징 때문입니다. 우리 음식은 맛있고 건강에 좋아요. 다만 이 음식들을 글로벌 수준으로 맞추는 게 중요하니 모든 요리를 한입 크기 사이즈로 세련되게 선보였어요."

실제 행사장인 관저는 더운 요리를 만들 수 있는 상황이 아니었다. 주방은 좁았고 요리 기구와 접시도 부족했다.

"차고를 개조해 임시 주방을 만들어 오븐과 냉장고, 접시를 데울 수 있는 워머, 접시까지 빌려 힘들게 마련한 행사였는데 호평을 받아 보람이 있었어요."

철학 없는 요리는
끼니 때우기에 불과하다

'요리 철학'이 무엇인지 물었더니 그는 대뜸 감자 칩 이야기를 꺼냈다.

"모든 감자가 칩이 될 수는 없죠. 저와 같이 입사했는데 아직도 계장으로 남아 있는 경우도 있어요."

요리에 자질이 없는 사람은 열심히 해도 안 된다는 말인지 되물었더니 고개를 저었다.

"열정을 갖고 새로운 것을 시도하면서 역량을 키우면 됩니다. 그리고 한 끼 식사에도 정성을 담아야 하죠. 입을 통해 먹을 수 있는 것이 음식이니, 모든 것이 요리가 될 수 있어요. 초등학생이 만드는 계란 요리와 주방장이 만드는 계란 요리 모두 요리가 될 수 있지만, 주방장이 만드는 요리에는 그 사람만의 비법과 정체성이 담겨야 합니다. 연륜도 필요하지만 무엇보다 요리 철학이 있어야 해요. 철학이 없는 요리는 대충 때우는 끼니 혹은 국적 불명의 요리에 불과하죠. 진정한 주방장이라면 접시에 예술 세계를 연출할 수 있도록 자신만의 철학과 내공을 가져야 한다고 봅니다."

요리에는 다른 예술과 대비되는 지점이 있다. 바로 시간의 한계, 취향의 한계다.

"음악은 CD로, 그림은 캔버스로 보존됩니다. 하지만 음식은 주방장이 요리를 완성한 순간부터 변화가 시작되죠. 최적의 순간에 요리를 손님들에게 제공해야 하는데 그게 굉장히 어렵습니다. 취향도 천차만별이어서 일일이 맞추기가 쉽지 않죠. 이것이 요리사가 빚어내는 예술의 한계라고 볼 수 있습니다."

요리사의 핵심 자질은
열정과 창의력

식문화에 대한 관심이 높아지면서 요리에 인생을 걸어 보겠다는 요리사 지망생도 늘어나는 추세다. 그는 후배들에게 생명이 긴 요리사가 되라고 말한다.

"요리사의 자질은 열정과 창의력, 이 두 가지라고 할 수 있어요. 요리사는 평소에 서 있는 시간이 많아요. 요리대회에 나가면 8시간 동안 쉬지 않고 서 있기도 해요. 불을 다루다 보니 위험에 노출돼 있고 항상 스트레스 속에 살죠. 저도 늘 메뉴 구성에 대한 스트레스를 받아요. 열정이 있어야 이런 시간을 인내하고 견뎌낼 수 있어요.

창의력은 식재료를 어떻게 활용하면 좋을지 레시피를 구성하는 능력을 말합니다. 같은 당근과 감자를 줘도 만드는 사람에 따라 각양각색의 요리가 나오는데, 그것이 바로 창의력의 차이죠. 얼마만큼 고객에게 어필하는 요리를 만들 수 있는가, 요리사 나름의 철학이 담겨 있는지도 창의력에 포함될 수 있습니다.

한 가지 더 보태자면 언어 능력도 중요합니다. 세계 무대에서 활동하기 위해서죠. 이 세 가지가 요리사의 기본이라고 할 수 있습니다."

요약하면 이 시대 요리사의 핵심 자질은 열정과 창의력, 외국어 실력이다.

요리사, 학력보다는
열정과 실력!

요리사를 선발할 때 학력보다는 열정과 실력을 우선으로 본다. 많은 호텔들이 '학력 파괴'를 내걸지만, 그래도 많은 요리사 지망생들은 일단 대학에 진학한다. 같은 수준의 응시자가 있을 경우, 아무래도 대학에서 관련 학과를 졸업한 전공자 쪽을 선호하기 때문이다.

"'학력 인플레'라고 하는데 요리라는 것이 반드시 학력이 필요한 분야는 아닙니다. 요리에 관계된 지식도 직접 요리하면서 알 수 있는 수준입니다. 다만 요리에 대한 열정과 창의력을 기르기 위한 문화적 경험은 필요하고, 프랑스든 미국이든 해외 경험을 많이 쌓아 자신만의 요리를 만들 수 있는 내공을 구축한 뒤, 우리나라에 정착하면 좋습니다. 젊을 때부터 한 곳에 머물기보다는 유명 요리사를 따라다니며 공부한다면 10년, 20년 뒤에는 반드시 훌륭한 요리사가 되어 있을 것입니다."

인류 최초의 직업이자
최후의 직업

이 직업의 장점을 물었다.

"요리사는 인류 최초의 직업이자 최후의 직업입니다. 인간이 태어나서 제일 처음 하는 것이 엄마의 젖을 먹는 것입니다. 사람은 마지막 순간까지 음식을 먹어요. 요리사로서 실력만 있으면 경제적인 부를 축적할 수도 있고, 창업도 할 수 있죠. 사실 육체적으로는 힘들지만 주방장은 어찌 보면 자선을 하는 것과 같아요. 맛있는 음식을 구하는 사람에게 맛있는 음식을 주니까요. 또 손님들이 먹고 좋아하면 즐겁잖아요.

요리사는 철학자이자 예술가예요. 외국의 유명 주방장을 만나 보면 다들 자신만의 철학을 갖고 있어요. 외모도 훌륭해요. 예전에는 배불

뚝이가 전형적인 주방장 상이었지만 요즘은 그런 사람은 찾아볼 수 없어요. 그만큼 자기 관리를 열심히 합니다."

'접시에 예술 세계를 연출한다.'는 이병우 요리사를 만난 뒤 개인적으로 하루하루 일단 끼니나 때우고 보자는 식으로 식사 준비를 소홀히 하지 말고, 좀 더 즐겁게 요리를 하기로 다짐했다.

요리사는 혀와 눈으로 새로운 것을 창조하는 예술가다. 그리고 보면 모든 직업은 일정 경지에 이르면 통하는 것 같다.

Tip1. 요리사가 되려면?

조리사나 주방장이 되기 위해서는 조리과학고등학교를 나오거나 대학에서 조리과학과, 호텔조리과, 외식조리과 등 관련 학과를 나오는 것이 유리하다. 사설 학원에서도 교육을 받을 수 있다. 관련 자격증으로는 한국산업인력공단에서 시행하는 요리기능장, 조리산업기사, 조리기능사 자격증이 있고 한식, 양식, 중식, 일식과 특수조리사 자격인 복어 분야로 나뉜다. 취업할 때 이런 자격증이 필수다.

호텔로 진출하려면 특급 호텔 레스토랑 등에서 인턴으로 일하는 것이 유리하다. 특급 호텔에서는 학력을 잘 보지 않는다. 실제 고졸 출신들도 채용된다. 하지만 요리 관련 학과 전공자들이 많고 상당수 호텔에서는 토익 500점 이상의 외국어 실력을 요구하기도 한다.

핵심 자질로 미각, 새로운 메뉴를 개발할 수 있는 창의력, 인내심과 체력이 요구된다. 여러 명이 같이 일하는 경우도 많아 협동심이 필요하고 고객에 대한 서비스정신도 중요하다.

호텔, 레스토랑, 외식업체, 일반음식점 외에도 학교, 병원 등의 급식소에 취직하거나 식품가공업에 진출할 수 있고 직접 음식점을 경영할 수도 있다.

Tip2. 종사자 수와 연봉

한국직업능력개발원 자료에 따르면 조리사와 주방장으로 일하는 종사자 수는 약 52만 400명이다. 이 가운데 임금 근로자는 28만 4200여 명(54.6퍼센트)이다. 주방장과 조리사의 성비는 여성이 78.6퍼센트, 남성이 21.4퍼센트이며, 평균 연령은 48.9세이다. 전체적으로는 평균 10.6년의 학력을 보유하고 있으며 평균 계속 근로 연수는 5.5년으로 나타났다. 주방장과 조리사의 월평균 수입은 128만 원이다.

국내 최연소 대목수가 되다

한옥건축가
김승직

국내 최연소 대목수가 되다

1983년에 경기도 평택에서 태어나 연암대학 조경학과를 졸업하고 만 24세에 국내 최연소로 문화재 수리 기능자(대목수 부문)가 됐다. 현재 전통 건축물을 짓는 '한채당' 대표이자 한옥건축가로 일하고 있다.

"

노름꾼이 고스톱 잘 치려고 화투를 들고 잔다고 하던데, 저는 자를 손에 묶은 채 잤어요. 공구가 손에 익으려면 10년이 걸린다고 하니, 손에 빨리 익도록 하려는 거였죠.

"

목수라니, 그것도 한옥을 주로 제작하는 대목수라니 만나기 전에는 다소 투박하고 진지한 표정으로 예스러움을 좇는 장인의 이미지를 떠올렸다. 하지만 필자 앞에 나타난 김승직 대목수는 20대의 앳된 얼굴을 하고 있었다. 손에 있는 약간의 굳은살 흔적만 빼면 그 나이 대 또래와 별다를 것이 없어 보였다. 대목수를 준비할 때는 손톱이 여덟 개나 빠졌다고 들었는데 그 사실이 믿기지 않을 정도였다.

김승직은 올해 만 32세로, 직업은 목수다. 이미 만 24세에 문화재 수리 기능자 대목수 부문에 최연소로 합격했다. 26세 때 전통 건축물을 설계하고 시공하는 기업을 창업해 20대 CEO로 주목받았고, 노동부 직업사전에 '한옥건축가'라는 직업명을 넣자고 제안해 스스로 '국내 1호 한옥건축가'가 되었다.

20대에 대목수이자 창업자가 됐지만 그가 직업적으로 성공했는지 판단하기에는 아직 이른 감이 있다. 하지만 그가 자기 일에 애정을 가지고 스스로 피나는 노력을 거듭해서 전문가로 등극하는 단계를 밟아가고 있다는 점은 분명해 보였다.

외환위기의
소용돌이 속에서

김승직은 고등학교에 입학할 때까지만 해도 목수가 될 것이라고는 생각하지 않았다. 그의 아버지는 명문 대학을 나온 사업가이자, 김포 공항 근처에 상당한 땅을 소유하고 축산업과 김치 공장을 운영하던 재력가였다. 다시 말해 어린 시절 그는 부유한 집안의 도련님으로 살았다. 고등학생 때도 특별히 무엇이 되고 싶다는 생각은 없었지만, 대학 입학을 당연한 코스로 여겼다.

하지만 IMF 외환위기의 소용돌이 속에서 그의 삶도 요동쳤다. 아버지가 운영하던 김치 공장이 경영난을 겪으면서 집안은 몰락했다. 가족들은 외갓집에 얹혀사는 처지가 됐고, 하루아침에 기초생활보호대상자가 됐다. 고등학교 3학년 때였다.

"하루 3000원짜리 식권도 못 살 형편이었으니, 대학 진학은 불가능했죠. 아버지도 목수로 전업한 상태였는데 저에게 취업하기 편할 거라며 목수 일을 배우라고 권하셨어요."

갑작스러운 경기 악화로 전국적으로 이런 가정이 많았다. 정부는 일시적으로 인문계 고등학교에서도 실업계처럼 기술을 익힐 수 있는 직업 과정을 개설했다. 그는 직업훈련소에 지원했다. 동급생들이 대학 입시 준비로 바빴던 고등학교 3학년 때 그는 1년 동안 충남 음성에 있는 직업훈련소에 머물렀다. 매주 월요일 아침이면 1시간 반 거리에 있는 직업훈련소에 가서 금요일까지 기숙사에 머물며 목수 일을 배웠고, 주말이면 평택의 집으로 돌아와 토요일에만 학교에서 수업을 받고는 했다.

"어릴 때부터 무언가 만드는 것이 재미있었어요. 흥미가 있었죠. 직업훈련소의 '건축의장과'에서 50명 정도가 함께 공부했어요. 또래 아이들하고 함께 배우니까 재미있었죠. 하지만 이것이 평생 직업이 될 것이라고는 생각하지 않았어요."

나는 목수가
되고 싶지 않았다

고등학교 졸업 후 아버지를 따라 건설 현장에 갔을 때 이 생각은 더욱 굳어졌다. 목수 일은 재미있지만, 직업으로 할 것은 못 된다고 거듭 다짐했다.

"인정을 못 받았느냐고요? 그 반대였어요. 인부들은 아버지를 따라 돈벌이에 나선 저를 대견해하셨고 '천부적 기술자'라고 치켜세워 주셨죠. 저도 은근히 기술적인 면에서는 공사장의 경험 많은 인부보다 제가 못할 것이 없다는 생각에 자만심이 하늘을 찌를 듯했죠. 그들은 어깨너머로 대충 기능을 익히고 현장에서 일하는 사람이지만, 저는

훈련소에서 기초부터 배운 상태였으니 처음 보는 것도 금방 따라할
수 있었어요. 그 정도로 손재간은 좋았습니다. 문제는 따로 있었죠."

실망스러운 것은 현장 분위기였다. 그때 만난 목수들은 일당을 받
으며 공사판을 전전하는 막노동꾼에 가까웠다. 존경할 만한 장인은
아니었다. 당시가 외환위기 직후였다는 특수한 상황도 한몫했다. 공
사장에는 인생 낙오자들만 모인 듯했다. 자신의 아버지가 그랬던 것
처럼 현장 작업자들은 건설업이 아니라 다른 직장에서 한때 잘나가
던 사람들이었다. 한마디로 미래는 없고 과거만 있었다. 부족한 기술
을 연마하려고 노력하기보다는 술을 먹고 과거를 그리워하며 신세
한탄만 하는 동료들을 보면서 목수를 평생 직업으로 삼지는 않겠다
고 결심했다.

목공을 천직으로
여기기까지

　　　　　　1년 정도 건설 현장에서 일한 뒤 군에 입대했는
데 이것이 운명에 쐐기를 박아 버렸다.

"운명이란 대단해요. 목수는 절대 안 하겠다며 군에 갔는데 그만
목공병으로 배정돼 버린 거예요. 인생의 전환점을 찾자는 심정이었는
데 원점으로 돌아왔어요. 제가 익힌 실력이 제 발목을 잡은 거죠."

그는 고등학교 때 건축과 관련된 세 개의 자격증(거푸집 기능사, 목
재 기능사, 창호 기능사)을 땄다. 군은 자격증에 대한 한 줄 이력만 보

고 그를 목공병으로 배정했고, 복종이 생
명인 군대에서 그는 28개월 동안 목공병
으로 복무했다.

제대를 아홉 달 남겨 놓고는 아예 아
프가니스탄으로 날아가 공사 책임자로
복무했다. 국가에 헌신하겠다는 소신 때
문만은 아니었다. 여동생의 학비를 벌기
위해 월급이 훨씬 더 많은 아프가니스탄
에 지원한 것이었다. 아프가니스탄에서
는 토목 분대장이 되어 여러 공사를 주
도했다. 비행기 활주로 공사를 맡았을 때
는 미군이 한 달 걸린다는 공사를 일주일 만에 끝냈다. 미군 최고위
사령관이 감탄하며 책임자인 그에게 상을 주었다. 미군들은 공사 기
간을 4분의 1로 줄인 최신 공법이 무엇인지 신기해했다.

"사실 별거 아니었어요. 굳이 이름을 붙이자면 '한국식 인해 전술'
이랄까요. 미군들은 토목 작업할 때 한 개 작업이 끝나야 다음 작업을
하는 식으로 일을 단계적으로 하고, 각 분야 담당자끼리 서로 돕지 않
습니다. 하지만 우리는 거푸집 만들기, 콘크리트 붓기, 양생 등을 동
시에 처리하고 토목, 목공 등 해당 분야가 아닌 사람도 모두 작업에
투입시켰죠."

목공병을 벗어나 제대하니 만 22세. 그는 목공일이 천직인가 하고
진지하게 생각해 봤다. 결국 한평생 이 일을 하기로 결심했다.

"그제야 마음이 편해졌어요. 생각해 보니 이것밖에 할 것이 없고, 제일 잘할 수 있는 분야가 목공이라고 생각하니 결심이 서더군요. 기술만으로는 부족하고 전문 지식도 있어야겠다고 생각해, 공부를 제대로 시작하게 됐어요."

천안의 연암대학 조경학과에 입학했다. 건축을 제대로 하려면 조경이 필수라는 이모의 권유에 따랐다. 그는 중·고등학교 학창 시절만 해도 공부에는 관심이 없었다. 하지만 건축으로 방향을 잡고 보니 조경학 공부가 재미있었다.

"공부를 안 하다가 하니까 정말 재미있었어요. 마치 하얀 백지 위에 글씨를 쓰듯이 정신없이 공부에 몰두했죠."

대학 2학년 1학기를 마칠 때쯤 아버지로부터 휴학하라는 지시가 내려왔다. 북한의 금강산 골프장 사업에서 목공사를 총괄하게 됐는데, 도와줄 기술자가 필요하다는 것이었다.

"절대 못 간다며 거절했어요. 저도 난생처음 즐겁게 공부하고 있었거든요. 아버지는 고등학교부터 대학 때까지 제 등록금 한 번 내 준 적이 없었어요. 고3은 건너뛰다시피 했고 동생 학비도 제가 계속 보태 왔는데 이번에도 자식 진로를 방해하느냐고 대들었죠."

그럼에도 그는 휴학하고 금강산으로 갔다. 이때의 경험은 그의 진로에 획기적인 도움이 됐다. 금강산 골프장 건설에서 목공사는 60명의 목수들이 함께 참여하는 대공사였다. 그가 맡은 것은 목수들을 관리하는 일이었다.

"명목상 제가 목수들을 관리하는 입장이었지만, 사실은 제가 배웠어요. 그곳에서 내로라하는 대단한 장인들을 만났죠. 몇 년 전 건설 현장에서 본 뜨내기 목수들과는 차원이 달랐어요. 한 분은 청각 장애인이어서 말씀은 못하시는데 실력 하나로 모두를 제압했어요. 다들 대단했지요. 그런 분들과 감히 맞짱 뜨겠다고 덤비면서 기술을 많이 배웠고, 무엇보다 자만심이 사라졌어요. 그곳에서 제가 우물 안 개구리였다는 사실을 알게 됐죠. 세상에 실력자들은 따로 있더라고요."

최연소 대목수를
목표로

금강산에서 반년을 보낸 뒤 돌아오니 해가 바뀌었다. 그의 눈빛도 달라져 있었다. 다니던 대학에 갔더니 2학기에만 등록이 가능해 복학하려면 한 학기를 더 기다려야 한다고 했다. 반년 동안 무엇을 할지 고민했다.

"목수로서 한평생 먹고살아야겠다고 생각하면서, 목수의 최고는 뭘까 고민했습니다. 이왕 한다면 최고가 되기로 마음먹었어요."

인터넷을 검색하다 보니 한옥에 관심이 갔다. 한옥은 전통 가옥인데다 기초가 되는 건축물이기에 다른 분야로 확장이 가능할 것이라고 생각했다.

그는 '문화재 수리 기능자 대목수 부문' 자격증을 따기로 결심했다. 시험은 1년에 한 번 10월에 있었다. 그해 합격을 목표로 삼자 마음이 바빠졌다. 아직 젊으니까 다음 해 시험을 봐도 되지 않았을까?

"그냥 기능자가 아니라 '최연소' 자격증을 따는 것이 저의 목표였어요. 열심히 하다 보면 자격증은 언젠가 딸 수 있겠지만, 최연소라는 타이틀이 중요했어요. 토익이든 대목수 자격증이든 기준점만 넘으면 합격할 수 있지만, 남들과 다른 한 가지는 있어야겠다고 생각했어요. 그래서 저는 최연소 대목수라는 것에 집착했던 것 같아요."

문화재청에 전화를 걸었다. 대목수 부문의 최연소 기능자가 몇 살인지 물어봤다. 문화재청 직원은 사생활 보호를 내세우며 알려 주지 않았다. 인터넷 뉴스를 검색해 봤더니 김승직보다 여섯 살 많은 서른 살에 합격한 사람이 있다는 내용이 있었다. 기사에 실리지 않은 더 어린 사람도 있을 가능성도 있다고 생각하자 오기가 생겼다.

"문화재청에 다시 전화를 걸었어요. 이번에는 질문을 바꿔, 제가 1983년생인데 대목수 부문의 합격자 중에 그보다 더 늦게 태어난 사람이 있는지만 알아봐 달라고 부탁했어요. 직원이 귀찮아하면서도 제가 하도 간절하게 부탁하니까 그 출생 연도 밑으로는 자격증을 딴 사람이 없다고 확인해 줬어요. 제가 1983년 12월생이니까 올해 저와 같은 나이의 사람이 동시에 합격해도 최연소일 거라고 확신하게 됐죠."

인생을 걸고
한옥 학교에 입학하다

만 24세의 청년은 아마 존재하지도 않았을 1983년생 라이벌과 경쟁하듯 그해 합격을 목표로 시험 준비를 서둘렀다. 그해 1월, 3개월 과정의 한옥 학교에 등록했다.

"입학하면서 동료들에게 '최연소 대목수'가 되겠다고 큰소리쳤습니다. 하지만 다들 콧방귀도 안 뀌었죠. 세상 물정 모르는 젊은이가 잘 모르고 하는 소리려니 하는 표정들이었어요."

인생을 걸었다며 호기롭게 입학한 한옥 학교였지만 분위기는 솔직히 실망스러웠다. 같이 공부하는 이들은 퇴직 후 취미 삼아 기술을 익히러 왔거나, 실직 이후 정부 지원금을 받기 위해 온 사람들이 대다수였다. 갑자기 수강생은 늘어났는데 학교에서는 강사를 늘리는 등의 투자를 하지 않아, 대형 강의 위주로 수업은 대충대충 진행됐다. 수업 시간에 수십 명이 함께 한옥 목공 기술을 익히는 것은, 의사가 칠판 강의만 듣고 외과 수술을 배우는 것과 같았다. 배우는 데 한계가 있었지만 그의 실력은 시간에 비례해 눈에 띄게 급성장했다.

"수업 시간이 아니라 밤에 많이 배웠어요. 50, 60대 학생들 속에 20대는 제가 유일했죠. 교수님들은 제가 젊으니까 힘 좋고 말 잘 듣는다며 밤에 작업할 때 보조로 일하게 하셨어요. 그 덕분에 도면 그리는 것을 개인적으로 배울 수 있었습니다."

그래도 실력은 여전히 부족했다. 문화재청이 시험을 주관하는 문화재 수리 기능자 시험은 아침 8시부터 오후 5시까지 시험을 친다. 하루 안에 도면을 보고 한옥의 뼈대 구조체를 만들어야 한다. 나무 위에 형태를 그린 뒤 수동 공구로 나무를 깎아 만들어 내야 하니 공구를 다루는 데도 숙달돼야 한다. 문화재 수리 기능자 대목수 부문은 8년을 건설업에서 일한 사람도 두 번 탈락하고 세 번째에 합격하는 것이 정

설이었다. 그가 도전장을 내민 해에도 대목수 부문에서는 1500명이
지원해 30명만 합격했을 정도다.(선발 인원은 매년 다르다.)

명장을 찾아
전국을 헤매다

석 달 과정의 한옥 학교를 마치고 나니 4월이었
다. 시험까지 남은 기간은 이제 여섯 달.

그는 무림의 고수를 찾듯이 전국을 돌아다니며 혹독한 수련기를
거쳤다. 그가 넘어야 할 첫 관문은 고수들로부터 기술을 사사하는 것
이 아니었다. 장인들로부터 톱이나 대패 등을 구하는 작업이었다.

"시험을 보려면 전통 공구가 필요해요. 평소에는 전동 공구를 사용
하지만 문화재 수리 기능자 시험을 칠 때는 100퍼센트 전기가 없는
전통 공구를 사용해야 하니까요. 톱과 끌 등 공구를 모두 구입하려면
400만 원이 드는데 그럴 돈도 없었지만, 제 손에 딱 맞는 뛰어난 공구
가 필요해서 직접 구하러 다녔습니다."

제일 먼저 찾아간 곳은 대구의 대장간이었다. 전통 방식으로 끌을
만든다는 소문을 듣고 무작정 찾아가 전통 끌이 필요하다고 간청했
다. 낮에는 대장간에서 허드렛일을 돕고 밤에는 주변 찜질방에서 잠
자기를 반복했다.

"대장장이는 젊은이가 왔다며 신기해하셨죠. 갈 때마다 허드렛일
을 했더니, 나중에는 귀찮다고 하시며 제 손에 딱 맞는 끌을 만들어

췄어요."

그 외의 수확도 있었다. 끌을 만드는 과정을 직접 보게 된 것이다. 끌은 여물고 얇고 뾰족한 정도에 따라 작업 결과가 달라진다. 앞부분을 뾰족하게 하면 끌질은 잘되는데 이가 나가 자주 갈아 줘야 한다. 이를 한 번 가는 데 30분이 걸리기 때문에 정해진 시간 내에 완성해야 하는 시험에서 이가 나가면 치명적이다. 반대로 앞부분을 둔하게 하면 끌질이 잘되지 않는다. 목수마다 힘 주는 정도가 달라서 사람마다 적당한 끌의 각도도 다르다. 따라서 적당한 끌을 찾는 것이 중요하다.

"끌 만드는 과정을 알게 되면 실제 끌질을 할 때도 아주 미세한 차이를 알고 목공 작업을 효율적으로 할 수 있죠."

두 번째 필요한 것은 대패였다. 화가에게 여러 가지 크기의 붓이 필요하듯, 한옥 목수는 시험을 치르려면 60가지 종류의 대패가 필요하다. 대패는 크기별로도 다르지만 목재에서도 차이가 난다. 틀어지면 안 되므로 아카시아 나무로 건조한 것을 최상급으로 치는데, 그것도 목수의 손에 맞는 대패여야 한다.

한국에서 유일하게 대패를 수작업으로 만든다는 남양주의 한 대장간에 찾아갔다. 하지만 장인은 그를 애송이로 보고 투명인간 취급하며 냉랭하게 대했다.

"틈새를 공략했어요. 40대의 젊은 제자와 먼저 안면을 트고 자주 찾아갔더니 그 대패 장인도 손들고 말았어요."

그는 자신의 손에 맞는 최상급 대패 60점을 구할 수 있었다.

공구를 구한 뒤에 수련을 위해 찾아간 곳은 강원도의 한 제재소였다. 김원대 대목수가 있는 곳이었다. 아버지 친구의 부탁으로 한 달 동안 김원대 대목수를 사사할 수 있었다.

"젊은 사람이 전통 한옥에 관심이 많다고 하니 대견해하며 돈도 안 받고 기술을 전수해 주셨어요. 집중적으로 배운 것은 도면을 보고 나무에 형태를 잡는 작업인데, 우리는 그걸 '먹을 그린다.'고 합니다. 어떻게 입체적으로 그리는지가 중요하죠. 또 나무와 공구를 능숙하게 다루는 법도 배웠어요. 저는 끌질을 할 때 힘을 주기만 했는데 어느 부분에서 힘을 빼야 하는지 그때 알게 됐죠."

자를 손에 묶은 채
잠들던 나날

시험을 두 달 앞두고는 산에 들어갔다. 친구 아버지가 운영하는 도자기 굽는 곳이었다. 목공을 하면 소음이 심해서 도시에서는 민원이 들어오기 때문에 그곳에서 먹고 자면서 나무를 깎고 부수는 작업을 반복했다.

"지금 생각하면 반쯤 미쳤던 것 같아요. 연습하다 보니 손톱 10개 중 8개가 빠졌어요. 매일 아침 5시에 일어났는데 잠은 하루에 4, 5시간만 잤어요. 이 빠진 연장 하나를 가는 데 30분이 걸리니까, 낮에는 그 시간도 아까워서 목공 연습만 하고, 밤 8시부터 새벽 1시까지는 이 빠진 공구들을 가는 일을 반복했죠."

　피곤한 나머지 공구를 갈다가 현장에서 잠이 들기도 했다. 두 달 동안 연장을 손에서 놓아 본 적이 없다. 치수를 재는 'ㄱ'형태의 자를 손에 묶어 쓰다 보니, 그 자를 묶은 채로 잠든 적도 많았다.

　"노름꾼이 고스톱 잘 치려고 화투를 들고 잔다고 하던데, 저는 자를 손에 묶은 채 잤어요. 공구가 손에 익으려면 10년이 걸린다니 손에 빨리 익도록 하려는 거였죠."

　머릿속에는 오직 '최연소 대목수'라는 목표밖에 없었다. 남들 보기에는 그가 한눈팔지 않고 달려간 것 같지만 그 역시 흔들릴 때가 있었다. 가장 큰 적은 자기 자신이었다.

　"사실 몸이 힘들면 아무 생각이 없는데 한밤중에 혼자 끌을 갈고 있으면 기분이 가라앉으면서 온갖 잡생각이 다 들죠. 시간도 없고 돈도 없으니 올해 꼭 합격하자 다짐했다가도, 이번에 떨어지면 내년에는 포기하지 않을까 걱정도 되고…… 사실 냉정하게 봐서 합격은 힘들겠다고 생각했어요. 그러다가도 성공할지 실패할지는 아무도 모른다, 떨어지더라도 하는 데까지 해 보고 죽자며 마음을 다잡았어요."

마지막 두 달은 세상과 연락을 끊었다. 친구도 안 만나고 술도 안 마시고 준비했다. 결과는 그도 확신하지 못했던 '최연소 합격'이었다.

"아버지께서 더욱 기뻐하셨어요. 당신도 뒤늦게 목수로 전업했지만 자신도 못한 걸 아들이 해내, 한국 최고의 목수가 됐다고 하시면서요."

내 영역은
내가 만들어 가는 것

의지와 실력을 입증하고 나니 다음 길은 탄탄대로였다. 대목수가 된 뒤 경주 남산의 한옥 짓는 작업을 하게 됐다. 작업 하나를 잘 마치자 다음에는 한남대학교 본관 지붕의 목공사를 수주했다. 대학교 측에서는 대목수 나이가 너무 어리다며 내심 못 미더워하는 눈치였지만, 지붕 공사를 맡은 업체가 김승직 대목수의 실력을 인정해 공사에 참여할 수 있었다.

"기능과 미관을 모두 충족시켰다며 결과물에 만족해하셨죠. 지붕 목공사 기법 중 가장 어려운 기법을 선택했거든요. '알추녀'라고 추녀 밑에 알을 품듯이 추녀를 하나 더 덧대는 기법이 있는데, 이 방식을 선택해 처마 길이가 더 길고 외관이 우아해 보이도록 지었어요. 저도 돈을 떠나 해냈다는 데서 뿌듯한 마음이 들었죠."

독립 영화 「서부영화」의 한옥 세트장을 시공하기도 했다. 또한 한옥 설계에서는 드물게 3D 설계 방식을 도입했다. 한옥 도면을 표준화하면서 한옥 관련 특허도 냈다. 대표적인 것이 '자'를 표준화한 것이다. 우리나라는 일본식으로 쓰고 있었지만 잘 맞지 않아, 센티미터를 이용한 것으로 새롭게 정비했다.

2010년, 만 26세의 나이로 그는 전통 건축물 설계·시공 기업을 창업했다. 대규모 한옥 공사를 수주하면서 작업자를 모으고 팀을 꾸릴 필요가 있었다. 현재 그는 설계도 하지만 최고의 목수들을 데려와 관리하는 일을 맡고 있다.

최근에는 정부 지원을 받아 한옥 교구재 사업도 하고 있다. 초·중·고등학교 학생들이 한옥을 만들 수 있는 교구재를 개발하는 사업이다.

"돈 버는 것도 중요하지만 자기가 하고 싶은 것을 하면서 즐긴다는 점이 좋아요. 건축가는 자기가 만들고 싶은 것을 만들 수 있습니다. 목수라는 것은 울타리이고, 우리는 건축주가 짓지 못하는 것을 대신 지어 주는 사람일 뿐입니다. 기능이 있는 우리가 대신 지어 주는 것이 만족스럽죠."

한옥을 짓는 장인은 예나 지금이나 많지만, 그를 '국내 최초의 한옥건축가'라고 불러도 손색이 없을 듯하다. 노동부에 한옥을 설계해 짓는 직업군에 대한 분류가 없다며, '한옥건축가'라는 직업명을 처음 제안한 사람이 그였다. 한옥은 일반 건축물과 다르다. 의사도 양의사와 구별하는 한의사가 있는데, 한옥을 짓는 사람에게는 별도의 명칭이 없었다. 그가 노동부 직업사전에 '한옥과 관련된 일을 하는 사람'을 넣자고 제안했고, 노동부는 '한옥건축가'라는 신조어를 추가했다.

보통 직업을 갖는다고 하면 대학에 들어가 전공을 선택하고 직장을 찾아 채용되는 것을 정석처럼 여긴다. 하지만 김승직은 기술을 맛보고 관련 공부를 한 뒤 일터를 만들고(창업) 자신의 직업까지 창조(한옥건축가 제안)했다. 그는 남들과 다른 방식으로 직업을 선택했다. 보통의 젊은이와 다른 길을 간다는 것이 힘들 수도 있지만 최소한 본인이 만족한다는 것은 분명하다.

"모두들 안정된 직장을 선호하지만 단도직입적으로 말하자면 안정된 직장은 없습니다. 출발은 다르지만 후반에 어떻게 될지는 모릅니다. 대기업 직원도 50대에는 월급쟁이로 버티기 힘들죠. 결국 자신이 어떤 일을 하고 싶은지 아는 것이 중요합니다."

학벌, 스펙을 중시하는 시대에 그는 오로지 실력으로 승부하고 있다. 집안 사정으로 그는 고졸 출신의 목수가 됐다고 했지만 그것만이 전부는 아닌 듯싶다. 집안이 잠시 어려워지긴 했지만 그의 여동생은 고등학생 때 호주에 유학 갈 정도로 이후 경제 사정은 개선됐고, 부모도 교육에 대해서는 개방적인 분위기였다. 그가 학벌을 중시했다면 몇 년 뒤 4년제 대학에 갈 수 있었겠지만, 그는 실용주의에 따라 기능을 우선시하는 2년제 대학을 선택했고 이후 필요한 공부를 시작해 20대에 창업을 하기에 이르렀다. 주변 환경에 떠밀려서 어쩌다 보니

목수가 된 것이 아니라, 자신이 주체적으로 선택해서 한옥건축가의
길을 가고 있는 셈이다.

"뭐든지
한번 미쳐 봐라"

일생의 동반자도 한옥이 맺어 줬다. 긍정적이고
직업에 자부심이 강한 그는 2010년 서울 아르코 극장에서 열린 '페스
티벌 봄'이라는 실험적인 연극 무대에 선배 장인들 대신 참여하게 됐
다. 실험극은 한옥을 세 번 짓고 세 번 부수는 작업이었다. 바빠진 교수
를 대신해 온 무대 감독은 명문대에 재학 중인 미모의 여대생이었다.

페스티벌이 성공적으로 끝난 뒤 여대생 감독은 김 대목수에게 한
옥 짓는 과정 전체를 다루는 다큐멘터리 「불」을 제작하고 싶다고 말
했다. 그는 기다렸다는 듯이 제안을 수락했고 최선을 다해 도와주었
다. 3년간의 제작을 마친 뒤 감독과 목수는 인생의 다큐멘터리도 함
께 찍기로 약속했다.

결혼과 직업, 인생에서 가장 중요한 두 가지 모두 목수 일을 통해
찾은 셈이다.

그가 후배들에게 자주 하는 말이 있다.

"뭐든지 한번 미쳐 봐라. 한 산을 넘는 것은 어렵지만 그다음 산은
순조롭게 넘어간다."

Tip1. 문화재 수리 기능자란?

국가 지정 문화재의 보수와 수리 업무를 하기 위해서는 문화재청에서 시행하는 문화재 수리 기술자나 문화재 수리 기능자 자격시험에 응시해 합격해야 한다. 수리 기술자는 보수 기술자 등 6개 종목이 있고 수리 기능자는 가공석공 등 24개 종목이 있다.

수리 기능자 종목은 대목수를 비롯해, 가공석공, 석조각공, 드잡이공, 박제및표본제작공, 철물공, 한식미장공, 화공, 소목수, 실측설계사보, 훈증공, 칠공, 번와와공, 도금공, 세척공, 식물보호공, 조경공, 표구공, 보존처리공, 목조각공, 제작와공, 쌓기석공, 모사공, 온돌공 등 24개 종목이 있다.

문화재 수리 기능자 시험은 실기와 면접으로 나뉜다. 종목별로 해당 기능을 심사하고, 실기 시험과 면접에 통과한 사람을 합격시킨다.

Tip2. 목공이 되려면?

목공은 목재나 기타 자재를 깎고 조립해 건축의 지붕틀, 마루, 내외장 마감 등 건축물 공사에 필요한 목재 작업을 한다. 건축 설계 도면과 공작 도면에 따라 목재의 치수를 측정하고 절단하며 공구를 사용해 목재를 다듬고 조립한다.

손재주, 미적 감각, 섬세함, 강인한 체력이 요구되고 사회성이 좋으면 유리하다.

학력 제한은 없다. 직업전문학교에서 목공 관련 훈련 과정을 이수하거나 현장에서 숙련공의 보조로 일을 배울 수 있다. 관련 국가 자격증은 건축목공 기능사(산업기사), 거푸집 기능사, 목재창호 기능사(산업기사), 건축목재시공 기능장, 문화재 보수 기능자(한식목공)가 있다.

Tip3. 종사자 수와 연봉

한국직업능력개발원에 따르면 건축 목공의 종사자 수는 13만 8400명이며, 이 가운데 임금 근로자는 10만 6000명(76.5퍼센트)이다. 남성이 99.6퍼센트, 여성이 0.4퍼센트이며 평균 연령은 48.7세이다. 평균 학력은 10.5년, 평균 계속 근로 연수는 5.3년이다. 월평균 수입은 175만 원이다.

과학으로 수사하는 한국판 CSI

국립과학수사연구원
김은미

1964년 강원도 원주 출생으로 원주여자고등학교, 이화여대 약학대학과 동 대학원을 졸업한 뒤 1989년 국립과학수사연구원에 입문했다. 약독물과 연구사를 시작으로 마약분석과 과장을 거쳐 2013년부터 국립과학수사연구원 부산과학수사연구소의 소장으로 일하고 있다. 프로포폴 성분을 모발에서 검출하는 분석법을 개발해 국제학회(TIAFT, 국제법독성학회) 최우수논문으로 채택됐 고, 2013년 '대한민국 과학수사 대상'을 수상했다.

> 제가 분석한 DNA 결과가 용의자 검거에 기여했을 때 보람이 있어요. 우리
> 는 경찰의 수사를 지원하고 때로는 법정에서 증인이 되기도 합니다.

국립과학수사연구원 분야의 주인공으로 부산과학수사연구소의 김은미 소장을 섭외하려고 그에게 전화를 걸었다. 인터뷰를 요청하자 당황스러운 답변이 돌아왔다.

"전화 거신 분이 울산방송 기자 겸 직업 관련 책의 저자인지 제가 어떻게 알 수 있겠어요? 혹시 기자를 사칭해 저를 만나러 오는 것일 수도 있잖아요?"

신분을 의심받은 필자는 '제가 쓴 책을 보내드리겠다, 아니 방송사에 전화해서 이영남 기자의 연락처가 지금 이 번호와 일치하는지 확인해 보시라.'고 답했다.

말이 끝나기도 전에 김은미 소장이 답했다.

"아, 아름다운 기자시네요. 『너의 꿈에는 한계가 없다』라는 책을 쓰셨고, 방송 기사도 많이 쓰시네요."

김 소장은 필자의 말을 듣는 사이 30초도 안 되는 시간에 손으로는 부지런히 인터넷을 뒤지고 있었던 것이다. 책을 쓰기 위해 인터뷰이를 섭외하면서 이런 의심을 받기는 처음이었다.

인터뷰 약속을 잡고 김은미 소장이 근무하는 부산과학수사연구소로 향했다. 입구부터 통제가 삼엄했다. 차량으로 출입하려면 정문 앞에서 인터폰을 눌러 신원을 확인해야 했다. 건물 입구의 문도 잠겨 있었는데 수위가 소장에게 방문객을 확인한 뒤 필자를 들여보내 줬다. 재판소 판사를 만나는 절차보다 까다로웠다. 이곳은 국립과학수사연구원. 명칭에는 '수사'라는 단어만 드러나 있지만 실제로는 재판을 지원하는 기관이어서 보안 유지가 중요하다는 점을 인터뷰하면서 깨달았다.

힘든 절차를 거친 뒤 비로소 김은미 소장을 만날 수 있었다. 베테랑 과학수사관이라니 까칠한 탐정을 상상했다. 그런데 실제 만나 보니 밝은 표정에 따뜻하고 배려심이 많은 성품의 소유자였다. 하얀 가운만이 그의 직업을 엿보게 해 주었다.

인기 가수를 쓰러뜨린
약물의 정체는?

1995년 국립과학수사연구소. 20대 중반, 키 180센티미터의 건장한 청년이 부검용 침대 위에 누워 있었다.

"사회적 관심이 높으니 사망 원인을 빨리 찾으라."는 상부의 지시가 떨어졌다.

사체 주변에 서 있던 10여 명의 연구원들 가운데 6년차 김은미 연구사도 있었다. 사망자의 인적 사항은 본명으로 접수됐다. 신문을 보고서야 누구인지 알 수 있었다. 그는 대중의 인기를 한몸에 받던 유명 인기 가수였다. 팔에는 스물여덟 개의 주삿바늘 자국이 이어져 있었다. 정황상 청년은 약물 때문에 사망한 것으로 보였다. 사체에서는 정체불명의 이상한 물질도 검출됐다.

'어떤 종류의 약물인지만 확인하면 된다.'

자신감을 보였던 연구원들은 하루 뒤 당혹감에 빠졌다. 평소처럼 사체에서 채취한 물질로 300종류의 마약 검사를 했지만 일치하는 게 하나도 없었다. 경찰은 물론 언론까지 1시간이 멀다 하고 원인 물질이 무엇이냐며 독촉하기 시작했다. 인기 연예인이 갑작스럽게 사망하자 온갖 추측이 난무했다. 그런데 몇 번을 다시 검사해도 마찬가지였다. 마약은 아니었고 처음 보는 물질이었다. 사건은 미궁에 빠졌다. 약물을 투여한 사람이 본인인지 다른 사람인지 밝히기에 앞서 사망 원인이 되는 물질이 무엇인지 알 수가 없었다.

2014년 전지현과 김수현이 출연한 드라마 「별에서 온 그대」를 즐겨 본 시청자라면 이 물질이 무엇인지 짐작할 수 있을 것이다. 배우 신성록이 연기한 훤칠한 외모의 재벌 2세는 주말마다 유기견 센터에서 봉사활동을 하며 착실히 경영 수업을 받는 모범적인 후계자이다. 하지만 그는 형과 여자친구를 죽이고, 주인공 도민준까지 죽이려고 한 냉혈이다. 살인에 쓰인 물질은 동물마취제이며, 그가 봉사활동을 한 것도 이를 얻기 위한 것으로 드러난다. 죽어가는 여자친구에게 "넌 자살로 생을 마감한 여러 연예인 중 한 명으로 기억되겠지."라고 무표정하게 말하던 재벌 2세는 결국 만천하에 범죄 사실이 드러나 구속된다.

하지만 이 드라마가 방송되기 20년 전, 김은미 연구사는 가수를 죽음에 이르게 한 물질이 무엇인지 몰라 헤매고 있었다. 당시 약물분석실장이었던 베테랑 팀장 정희선 박사도 난생처음 보는 물질이어서 성분을 밝히기 위해 혈안이 되어 있었다. 김은미 연구사를 비롯한 모든 팀원들이 2주 동안 분석에 매달렸다.

"외국의 범죄 사례를 찾아보고 도서관 가서 논문도 뒤지고 2주 동안 매일 밤 자정까지 분석했어요. 13만 종의 화합물 자료를 가져다 놓고 일일이 대조했어요. 그랬더니 사체에서 나온 것과 비슷한 화합물을 발견했고 연구를 거듭하자 한 가지 물질만 남았죠."

그것은 동물마취제로 사용되는 졸레틸이었다.('졸레틸'은 상품명으로, 성분은 '졸라제팜'과 '틸레타민'이다.) 누군가가 졸레틸을 청년의 몸에 투여했고, 바로 그 물질이 죽음을 불러온 것으로 확인됐다.

인기 가수 그룹 '듀스' 멤버 김성재의 사인이 밝혀지는 순간이었다. 국내에서 처음 보는 사례의 사망 원인을 밝혀낸 곳이 바로 국립과학수사연구원이다. 다만 이 사건은 사망 원인만 밝혀졌고 본인이 투여했는지 타인이 투여했는지는 알 수 없어 '의문사'로 남았는데, 드라마 작가는 이 사건을 모티브로 차용한 것 같다.

"지금은 상식이 됐지만, 20년 전만 해도 사람에게 동물마취제를 쓴 사건은 국제적으로도 굉장히 희귀했어요. 국내에서는 처음이니까 약물이 무엇인지 규명하기가 어려웠죠. 모든 직원들이 밤을 새우다시피 해서 나온 결과를 경찰에 통보했어요. 주변 인물 가운데 약물을 잘 다루는 용의자가 있었는데 증거 불충분으로 풀려났어요. 범죄의 진실이 드러나지 않아 아쉬웠죠."

이 사건은 김은미의 직업 인생에 이정표가 됐다. 자신이 수사에 중요한 조력자가 될 수 있다는 자신감과 긍지를 배우면서 한 단계 올라섰다.

"원인을 반드시 찾아야겠다는 마음이 컸고, 연구원으로서 제가 할 수 있는 한 최선을 다했죠. 어떤 사건이든 억울한 사람이 있어서는 안 된다는 것, 매달리면 더 정확한 결과가 나올 수 있다는 것을 배웠습니다. 다만 우리는 사건을 분석한 자료만 줄 뿐 수사에 직접 참여하기는 어려워, 사건이 미궁에 빠지는 것을 보면 안타깝습니다."

세계 최초
'프로포폴 검사법'을 개발하다

그로부터 18년 뒤 김은미 소장은 '대한민국 과학수사대상'을 받았다. 국립과학수사연구원에서는 이른바 '우유 주사'로 불리며 사회적으로 문제가 되고 있던 프로포폴 성분을 모발에서 간편하게 검출할 수 있는 분석법을 세계 최초로 개발했다. 이 연구는 국제학회에서 최우수 논문으로 채택되며 그 성과를 인정받았다. 개발을 주도한 이는 24년차 베테랑인 김은미 마약수사 과장이었다. 그해 마약수사과는 대한민국 과학수사대상을 받았다.

프로포폴은 원래는 성형 또는 수술 목적으로 사용되는 마취제인데, 미국에서 마이클 잭슨이 이 물질로 죽음에 이르면서 주목받기 시작했다. 우리나라에서는 스트레스를 해소하기 위해 남용하는 사람들이 늘어나면서 세계에서 유일하게 프로포폴이 마약으로 지정됐다.

연예인들의 프로포폴 투약이 사회적으로 쟁점이 됐지만 상습적으로 투약했는지, 수술 등 의학적인 사유로 일시적으로 투약했는지 가리기가 쉽지 않아 수사와 재판 과정에서 논란이 일었다. 김은미 과장은 상습 투약 여부를 가리기 위해 머리카락에서 프로포폴을 검출하는 기법을 개발하자고 제안했다.

"마약 수사는 시급성을 요하는 사건입니다. 그런데 프로포폴은 검출하기가 어렵고 시간이 오래 걸려요. 상습 투약 여부를 가려내는 것이 논란이 되던 때였어요. 그래서 우리는 약물을 상습적으로 투약하면 머리카락에서 해당 성분이 검출되는 원리를 이용하기로 했습니다. 프로포폴을 한두 번 사용하면 검출되지 않지만 자주 투약하면 체내에서 성분이 바뀌는데, 그것은 바로 '대사체'라고 불리는 '프로포폴 글루크로나이드'라는 물질입니다. 우리 팀이 개발한 것은 머리카락에서 이 대사체를 분석해 용의자가 약물을 상습 투약했다는 것을 증명하는 기법입니다. 세계 최초여서 국제학회(국제법독성학회)에서 최우수 논문상을 받았고, 독특한 연구라는 평가를 받았습니다. 열두 명의 팀원들과 함께 이 기법을 개발하는 데 4개월이 걸렸죠. 저도 밤늦게까지 남아 있기는 했지만 직접 연구하기보다는 장비를 구입하고 개발 방향을 알려 주는 역할을 했어요."

유죄 판결의
결정적 단서

팀장으로서 연구를 도왔을 뿐이라는 말이 겸손으로 들리는 것은 그의 경력과 실력 때문이다. 사회적으로 이슈를 끈 사건마다 그는 마약 감정 실무자로 참여했다. 연구소에서는 경찰이 마약 투입 사건을 의뢰하면 용의자의 소변이나 손톱, 머리카락에서 마약을 분석하는 일을 한다. 특히 모발 검사는 절차가 복잡한 데다 신속하게 처리해야 해, 노련한 연구원들만 참여한다.

머리카락을 이용한 필로폰 검사법은 머리카락을 아주 잘게 자른 다음 모발에 남아 있는 물질을 감정하는 기법이다. 그런데 머리카락에 남아 있는 양이 극히 미량이어서, 1밀리미터 단위로 정성껏 가위로 잘게 자른 뒤 이 물질을 녹여내야 한다. 분석 단위는 1마이크로그램(μg), 즉 100만 분의 1그램 크기로 분석해야 하니 섬세함이 요구된다. 김 소장은 사회적 관심이 쏠린 마약 사건을 유독 많이 담당했다. 2001년에 드라마 「허준」에서 '예진 아씨'로 불리던 한 여성 연예인의 마약 감정을 맡은 것도 그였다.

"결과가 나오려면 열흘이 걸리는데 그 과정에서 가장 중요한 것은 실수하지 않는 겁니다. 우리는 마약 투약이 의심되는 사람이 마약을 투약했는지 아닌지만 증명해야 합니다. 마약 사건은 감정 결과에 따라 유무죄가 판결되니까 우리 자료가 결정적인 실마리가 됩니다. 그 연예인은 조신한 이미지로 인기를 얻었는데 머리카락에서 필로폰 성분이 검출되면서 마약을 투약했다는 사실이 드러나 이미지에 큰 손상을 입었고 결국 재기하지 못했습니다. 사회적으로 이슈가 되는 사건은 파장에 대한 부담이 크고 언론의 취재 요청에도 시달려서 힘들지만, 사건의 원인을 정확하게 분석하는 것이 우리의 일이니까 최선을 다해야죠."

한국과 프랑스의
과학수사 대결

자칫 미제로 남을 뻔한 사건들도 국립과학수사연구소의 분석으로 해결된 적이 있다. '서래마을 영아 유기 사건'은 우리나라와 프랑스가 과학 수사로 맞붙은 사건이었다. 2006년 한국에 살던 프랑스인 부부의 집 냉장고에서 갓난아이 시신 두 구가 발견된다. 경찰은 최초로 이를 신고한 프랑스인 부부를 의심하지 않았고, 프랑스로 두 달 동안 휴가를 가겠다는 부부의 출국을 허락했다.

하지만 국립과학수사연구소의 DNA 분석 결과가 나오자 상황은 급변했다. 집에서 찾아낸 칫솔과 귀이개, 부인이 자궁적출 수술을 받았던 산부인과에서 입수한 부인의 자궁 샘플과 두 아기의 DNA를 대조한 결과, 아기의 부모가 프랑스인 부부로 확인됐기 때문이다. 경찰은 이들을 용의자로 보고 주프랑스 한국 대사관을 통해 조기 귀국을 요청했다. 하지만 프랑스인 부부는 "우리는 두 갓난아기의 부모가 아니며 한국의 DNA 분석 결과를 믿을 수 없다."고 반박하며 프랑스에 남겠다고 버텼다. 프랑스 경찰도 이들의 이야기만 믿고 2시간의 예비 조사만 끝낸 뒤 이들을 풀어 주었다. 하지만 우리 경찰이 국립과학수사연구원의 유전자 검사 보고서 등 수사 자료를 프랑스 당국에 전달하면서 현지의 기류도 바뀌었다. 프랑스 당국은 재조사에 착수, 갓난아기 사체의 DNA 샘플을 넘겨받아 조사한 결과 한국과 동일한 결과가 나왔다며 이 부부를 체포했다.

부녀자 일곱 명을 연쇄 살해한 강호순 등 연쇄 살인범들도 처음에는 범행을 부인하지만 국립과학수사연구원의 DNA 조사 결과를 보이면 태도가 달라진다. 국과수 분석 결과는 유죄 판결의 결정적 단서가 된다.

"제가 분석한 DNA 결과가 용의자 검거에 기여했을 때 보람이 있어요. 우리는 경찰의 수사를 지원하고 때로는 법정에서 증인이 되기도 합니다."

김은미 소장은 마약 분석 실무자와 마약 분석 과장을 거쳐 2013년에 부산과학수사연구소의 소장으로 부임했다. 40여 명의 직원을 관리하는 역할이다. 그는 자신을 '공직 약사'로 부른다.

약대 출신으로
공무원이 되기까지

　　　　　　김은미는 교사인 아버지 밑에서 1남 2녀의 둘째 딸로 태어났다. 김 소장은 고등학교 때까지 의사가 되고 싶어 의대에 진학하기를 원했다. 공부도 열심히 해 성적은 상위권이었다. 하지만 부모님은 둘째 딸에게 약대 진학을 권했다. 부모는 막내 외동아들이 의과대학에 가기를 원했는데, 두 자녀를 동시에 의대에 보내 뒷바라지하기에는 경제적으로 힘들다고 판단한 것이다.

　"약학대학에 진학했지만 대학 내내 중간에 그만두고 의학 공부를 다시 하고 싶었어요. 그런데 4학년 마지막 학기가 되자 약학 공부도 괜찮다는 생각이 들었어요. 부모님은 취업을 원하셨지만 대학원에 진학했어요."

　부모에게 손을 내밀 수는 없으니 낮에는 공부하고 밤에는 병원의 야간 약국에서 일했다.

　"의사가 되겠다는 둘째 딸을 주저앉히려고 약대로 보냈는데 제가 대학원에 가서 공부하는 것을 보시더니 의대 가겠다는 걸 말린 것을 후회하셨어요. 의사 만들려고 재수시킨 남동생은 일반 학과로 진학해 회사원이 됐어요.

　그래도 부모님께 고마운 점이 있어요. 바로 자격증이 나오는 대학에 보내 주신 겁니다. 국가공인 자격증으로는 의사, 약사, 간호사, 사회복지사 등이 있는데 자격증이 있으면 혼자서도 살아갈 수 있어요. 개업을 할 수도 있고 취업의 문이 넓은 거죠. 지금 국과수에서 일하는 즐거움도 크지만, 마음만 먹으면 병원에도 갈 수 있고 개업도 할 수 있어 든든하거든요. 또 처음에는 마지못해 약학과에 진학했지만 결과적으로는 제가 좋아하는 일을 찾게 돼 다행이죠."

대학원을 졸업한 뒤 연구도 하면서 공직의 길을 걷고 싶어서 연구소를 찾았다. 마침 국과수에서 직원을 선발하고 있었다. 사실 국립과학수사연구소에서 어떤 일을 하는지 정확히 몰랐지만 공무원이 될 수 있다는 말에 지원했다.

"공무원은 승진할 때 남녀 차별이 없다는 점이 매력적이었어요. 회사에서는 남녀 차별이 공식적으로는 없어도 밤늦게 남아서 일하는 사람에게 인사고과 잘 주고 승진시키는데, 여성들은 결혼하고 출산하면 늦게까지 일하기 힘들잖아요?

공무원은 승진에 있어 평등하고 출퇴근 시간도 비교적 정확합니다. 사회에서 여성이 경쟁에서 살아남을 수 있어야 한다는 생각, 그리고 대학원을 졸업했으니 연구도 하고 공직자도 되자는 생각에서 직업을 찾고 있었는데 한 선배가 그런 연구소가 있다고 알려 줘 오게 됐습니다."

과학수사연구원의
반전 매력

미국 드라마 「CSI 과학수사대」를 보면 과학수사연구소에서 범죄와 화재, 교통사고 현장을 누비면서 사건의 원인을 찾는 일을 한다. 한국의 국립과학수사연구원에서도 이런 일을 한다. 사건 현장을 직접 찾아가 분석하는 부서도 있고, 김은미 소장이 속한 마약과나 독극물과 연구원처럼 실험실에서 흰색 가운을 입고 장비를 이용해 시료를 분석하는 부서도 있다.

1989년 그와 함께 국과수에 입문한 신입 연구원은 모두 열네 명이 었다. 의학과 약학, 생물, 화학 등 분야가 모두 달랐다. 25년이 지난 현재까지 동기 중 절반만 남아 있고 나머지는 적성에 맞지 않거나 월급이 적다는 이유로 국과수를 나갔다.

"저는 주로 약물 분석을 맡아 했어요. 변사자의 몸에서 나온 시료가 어떤 독극물인지 분석하는 거죠. 저의 직속 상사가 정희선 박사인데 여성으로는 처음으로 국립과학수사연구원의 원장을 맡을 정도로 정도(正道)를 밟아 오신 분이세요. 저도 잘하면 칭찬을 듣고 못하면 야단도 들었어요. 그런데 일이 재미있고 적성에 잘 맞았습니다. 비위가 좋아야 하는데 저는 괜찮았어요. 정 전 원장님과는 지금도 연락하며 지내고, 어려운 일이 있을 때마다 늘 조언을 구합니다. 제 인생의 롤모델이죠."

국립과학수사연구원에서는 1년 동안 33만여 건의 자료를 분석한다. 연구원들은 사건이 나면 움직인다. 즉 경찰이나 검찰이 어떤 사건에 대한 분석을 의뢰하면 일을 시작한다. 과학적 기술을 이용해 사건 현장의 증거물을 분석하고 데이터를 수사기관에 넘겨준다. 분석한 자료는 범인을 체포하거나 사건을 해결하는 데 단서가 된다. 이 직업의 보람은 과학으로 수사를 지원한다는 것이다.

국과수에서 일하려면 꼼꼼해야 합니다.
여기는 작은 실수 하나도 용납되지 않는 곳이에요.
제가 분석한 결과가 재판에서 사용돼
한 사람의 운명을 바꿀 수도 있으니까요.

"제가 분석한 자료가 용의자 검거에 기여했을 때 보람이 있어요. 크게 보면 사회 안전에 기여하는 일입니다. 경찰은 행복하고 안전한 사회가 되도록 하고 우리는 수사를 지원하는 역할을 합니다. 자긍심도 높습니다."

단점은 업무 특성상 우울한 사건을 많이 접해 연구원들도 정서적인 영향을 받는다는 점이다. 주로 취급하는 사건이 교통사고와 살인, 성폭행, 안전사고, 마약 사건 등이다. 그래서 사회를 우울하고 회의적으로 바라보는 경향이 생긴다.

"다루는 시료가 정상인 것들이 아니죠. 대부분 다치거나 깨지거나 부패된 것들이에요. 냄새도 역겨워요. 사체가 우리도 모르는 균에 감염됐을 수 있어요. 그래서 우리도 위험에 노출될 수 있어요. 우리끼리는 3D 업종이라고 합니다. 더럽고 위험하고 어렵다는 거죠."

끊임없이 공부하는
연구자의 길

이보다 힘든 것은 한 번의 실수도 용납되지 않는다는 것이다. 매번 접하는 사건마다 분석할 내용이 다른데, 분석 결과는 판결에 큰 영향을 미친다. 그래서 매우 조심스럽다. 실험 과정을 정확히 처리해야 한다는 부담감이 크다. 민감한 사건의 경우에는 연구원들이 재판의 증인으로도 출석해 증언해야 한다.

"실험에서 실수해서는 안 된다는 정신적 스트레스가 가장 큽니다."

그래서 과학수사의 가장 중요한 자질로 드는 것이 꼼꼼함, 정확성이다.

"꼼꼼함이 필요합니다. 작은 실수 하나도 용납되지 않는 곳입니다. 제가 분석한 결과가 재판에서 사용돼 한 사람의 운명을 바꿀 수도 있습니다. 예컨대 용의자의 모발에서 마약 성분을 분석할 때 실수로 데이터를 잘못 분석해서 음성을 양성으로 판정하면, 극단적으로 무죄가 유죄가 될 수 있겠지요. 한 번 실수하면 한 사람의 인생이 바뀌는 겁니다."

연구자로서 창의성도 요구된다.

"사건마다 다르니 항상 새롭죠. 예측이 불가능하니 도전 정신이 있어야 합니다. 우리는 연구인입니다. 새로운 정보를 습득하고 논문을 확인하고 외국 학회에도 가면서 늘 공부합니다. 범죄 기법이 지능화되고 있어 이를 따라잡기 위해 최신 정보를 공부하고 분석 장비도 도입하려고 합니다. 저도 연구소에 입사할 당시에는 약학 석사였지만 공부를 계속해 2000년에 약학 박사 학위를 취득했어요. 또한 국비 장학생으로 1년 동안 미국국립보건원(NIH)에서 근무하며 공부하기도 했습니다."

범죄가 지능화되면서 과학수사 분야도 빠르게 성장하고 있다. 우리나라 국립과학수사연구원이 머리카락에서 필로폰 검출법을 개발한 것은 90년대 초반. 당시만 해도 미국에 가서 이 기법을 배워 와야 했다. 지금은 우리나라의 분석 기법이 세계적인 수준으로 높아지면서 해마다 싱가포르, 베트남, 태국, 스리랑카 등의 국가에서 과학수사

기법을 배우러 온다. 2013년에는 유엔 국제마약범죄사무소에 직원을
파견해 공동으로 분석 기법을 개발하는 업무도 진행했다.

국립과학수사연구원에서
일하려면

국립과학수사연구원의 직원은 320명 정도이다.
이 가운데 240여 명(약 75퍼센트)은 김은미 소장과 같은 연구직 공
무원이다. 나머지 80여 명 중 30여 명은 일반 행정직이고, 업무 보조
인력이 40여 명, 그리고 10여 명의 경찰이 함께 근무한다. 그는 자신
과 같은 연구직 공무원을 '공직 과학자'라고 부르는데 국제적으로는
법과학자, 즉 'Forensic Scientist'로 불린다. 'Forensic'은 '재판의' 또
는 '법정의'라는 뜻으로, 재판 자료가 되는 데이터를 연구하는 과학자
(Scientist)라는 뜻이다. 법의학자라고도 부른다.

"우리가 분석한 데이터를 경찰이나 검찰에 주면 재판에 가서 판
사가 유무죄를 결정하는 데 증거 자료로 씁니다. 법과학(Forensic
Science)은 과학적 데이터를 사건 해결에 쓰는 학문입니다."

연구직 분야는 아홉 개 과가 있다. 법의학과 약학, 화학, 물리, 생물,
생명공학 등 이과가 대부분이고 문과로는 법심리과가 유일하다. 분야
당 인원은 20~30명이며, 법심리과는 그중 가장 적은 7~8명에 불과
하다.

약사 출신인 김은미 소장의 전공은 법독성학(Forensic Toxicology)

으로, 인체에 독이 되거나 사망에 이르게 하는 독극물을 검사해서 법정에 도움을 주는 자료를 제공하고 있다.

연구직은 석사 이상을 채용한다.

"분야가 많은데 전공에 따라 지원 분야가 제한돼 있습니다. 의사는 법의학, 약사는 약독물이나 마약, 생명공학 출신은 유전자 분석, 화학과 출신은 화학 분석, 물리·전기·기계는 이공학과를 지원해야 합니다. 문과 출신 연구원이 유일하게 있는 곳이 법심리과로, 이들은 심리학과와 철학과 전공자들입니다. 가령 연쇄 살인사건이 일어나면 이들은 범인의 심리 상태를 파악해 데이터베이스로 만들고 사건을 예측하는 프로파일러로 일합니다.

국립과학수사연구원은 학생들에게 실습 기회를 주는데, 체험을 해보며 적성에 맞는지 파악하면 좋아요. 일단은 자격이 돼야 하니까 원하는 분야를 전공으로 선택한 뒤 대학원에 진학해야 합니다. 자리가 비어야 채용하기 때문에 구직자는 홈페이지를 수시로 보고 확인해야 합니다."

시험은 1차에서는 서류 전형(석사 이상의 학위, 논문 실적, 학점 등)을 보고 2차로 면접을 본다. 논문 실적과 학점 등을 토대로 종합적으로 점수로 매기고 면접에서는 내부 직원과 외부의 전공 교수, 일반 문과 출신의 교수도 함께 참여해 선발한다. 채용 시 토익이나 토플 등 영어 성적도 요구하지만 일정 기준만 충족하면 당락에 영향을 주지는 않는다.

성공의 비결은
적성 + 버티기

        김은미 소장에게 직업인으로 성공할 수 있었던 이유를 물었다.

"특별한 비결은 없어요. 사회에서 성공했다는 분들의 공통점이기도 한데 오래 다니면 됩니다. 굳이 덧붙이자면 오래 다니려면 성실해야 하고 재미있게 일해야 하니까 적성에도 맞아야 하죠. 국립과학수사연구원만 놓고 보면 우리 일이 비위에 맞아야 하는데 그렇지 않으면 스트레스도 많이 받아요. 저는 새로운 사건이 왔을 때 결과가 나오면 재미있었어요. 한 번도 지겹다는 생각을 한 적이 없었어요. 결론은 적성 더하기 오래 버티기입니다."

약사를 거쳐 국과수의 약독물과와 마약과로 진출한 김은미 소장. 만약 고등학교 때 장래희망이었던 의과대학에 진학했다면 그의 인생은 지금과 크게 달라졌을까? 유능한 의사는 됐겠지만 병원을 개원하지는 않았을 것 같다. 약학 대학원을 나온 뒤 직장을 찾을 때 중시한 조건은 고액 연봉이 아닌 '공직'과 '연구'였고, 국립과학수사연구원이 좋은 것도 "사건마다 새롭고 예측이 불가능해, 도전을 즐길 수 있다."는 이유에서였다.

Tip1. 국립과학수사연구원은 어떤 곳인가?

국립과학수사연구원의 직원은 약 320명이다. 본사는 원주에 있지만 서울, 부산, 대구, 광주, 대전에 5개 지방연구소가 있다. 행정직이 약 30명인데 행정직은 문과 출신이 다수이다. 나머지 240여 명은 과학자이고 의사와 약사를 제외하고는 모두 석사 이상이 채용된다. 화학, 약학, 물리, 생물, 유전공학, 의학 등 과학 학문은 모두 골고루 들어 있다. 최근에는 유전자 분야의 이슈가 많아 생명공학 출신이 많지만 상황에 따라 다르다. 국과수에서 인원 충원이 잦은 부서로는 법의학과와 법화학과, 이공학과 등이 있다. 정기적으로 채용하지는 않고 필요할 때마다 공개 채용하는 방식이다. 서류(석사 이상의 학위, 논문 실적, 학점, 공인된 영어 성적 등) 심사를 한 뒤 면접을 거쳐 선발한다.

1. 법의학과

1) 법의학실: 변사 사건이 났을 때 의사들이 부검을 맡는다. 사망 사건이 나면 사인을 밝히기 위해 검사의 지시하에 시신을 가져와 해부한다. 또한 대량재난 발생 시 사망자의 신원 확인을 위해 개인 식별을 시도한다.

2) 유전자 분석실: 살인, 강도 등 강력사건과 성폭력 사건에서 용의자의 신원 확인을 위해 DNA를 분석한다. 예컨대 성폭력 사건이라면 피해 여성에게서 나온 남성의 정액과 용의자의 DNA를 대조해 일치 여부를 분석한다.

2. 법화학과

1) 약독물실: 부검 시 의사들이 시신에서 혈액을 채취하거나 위에 든 내용물의 조직을 채취해 보내면, 사인이 될 만한 독극물과 약물(수면제, 농약 등), 마약 등을 검출하고 조사한다. 또한 마약류 남용자의 소변, 모발, 압수품에서 마약 성분을 분석한다.

2) 분석화학실: 도난과 폭행, 화재, 음주 사건 등에서 미세한 증거물을 찾아낸다. 예를 들어 강도가 침입해 폭행이 벌어졌던 현장에서 실 조각과 유리 조각 등의 증

거물을 찾았다면, 용의자가 입은 옷의 섬유와 동일한지 확인한다. 현장에 남겨진 흙과 용의자 신발의 흙이 같은지 동일성 여부를 조사한다.

화재가 났다면 휘발유를 뿌려 불을 질렀는지 인화성 물질이 있었는지 조사한다. 교통사고가 났을 경우 차량에 묻은 페인트가 어느 차의 성분과 같은지 등을 분석한다.

음주 단속을 할 때는 혈중알콜농도를 분석하고 음주 사고시에는 운전자의 혈액에서 알코올을 채취해 얼마나 많은 양의 술을 먹었는지 등을 조사한다.

3. 이공학과

1) **법안전실:** 안전사고의 원인을 조사한다. 다리가 무너지는 사고가 발생했다면 다리 구조에 이상이 있는지를 조사하는 식이다. 또한 각종 화재 발생(건축물, 선박, 차량 등) 시 화재 원인을 분석한다.

2) **교통사고 분석실:** 교통사고가 났다면 원인을 규명한다. 가령 버스 사고가 났다면 운전자가 졸았는지 브레이크 문제인지 과속으로 인한 것인지 등 원인을 찾아낸다.

Tip2. 연봉

김은미 소장에 따르면 연봉은 공무원과 동일하다. 연구원의 직급은 행정직과 달리 연구사와 연구관 두 개 등급으로 나뉜다. 연구사는 5~10년 사이의 직급으로 일반 공무원 7급과 6급에 준하는 대우를 받고 월급도 동일하다. 연구관은 경력이 최소 10년 이상이 돼야 하는데 5급 대우를 받는다. 연구관의 경우 300만 원 이상의 월급을 받는다. 남성과 여성의 비율은 8대 2 정도이다.

Tip3. 10년 뒤 직업 전망

범죄가 지능화하면서 과학수사 분야는 앞으로도 발전할 전망이다. 실제 국립과학
수사연구원의 직원 수도 증가하고 있다. 범죄 수법을 따라잡기 위한 분석법이 개
발되는 상황으로, 이 분야에서는 할 일이 점점 많아질 것으로 전망된다.

데이터 전성시대, IT계의 미켈란젤로

데이터 설계자
이화식

1960년 경북 예천에서 태어나 경북대학교 수학과와 동 대학원을 졸업했다. 1985년 선경인더스트리 전산실에 입사하면서 전산 분야에서 일하기 시작했다. 삼성종합화학과 삼성SDS, 한국오라클을 거친 뒤 1997년 데이터베이스 컨설팅 업체 '엔코아'를 설립했다. 2010년 데이터베이스산업협의회 '데이터 구루' 초대 수상자로 선정됐으며, 저서로는 『데이터 아키텍처 솔루션』, 『대용량 데이터베이스 솔루션I, II』, 『새로 쓴 대용량 데이터베이스 솔루션I』 등이 있다.

2013년 국내의 한 증권 회사가 한순간 460억 원을 날렸다. 회사는 위탁매매를 하는 과정에서 '전산상 착오'로 엉뚱한 것을 사들여 피해를 보았고, 곧바로 모든 거래를 중단했지만 존폐 위기에 처했다. 조사 결과, 전산 관리상의 문제가 발견됐다. 데이터 관리의 중요성이 부각된 사건이었다. 전문가들은 IT 분야의 핵심으로 '데이터'를 꼽는다. '데이터 설계'의 일인자를 수소문했다.

일본·중국에서도 통하는
IT 분야 대표 컨설턴트

'데이터 분야의 구루'라는 이화식 대표를 그의 집무실에서 만났다. 50대 중반인데 등이 구부정해서 나이가 좀 더 들어 보였다. 지금은 연구 시간이 줄었지만 몇 년 동안 하루 10시간씩 연구하다 관절이 붙어 등이 굽어 버렸다고 한다.

"파우스트가 하고 싶은 것을 하기 위해 악마에게 영혼을 팔았다고 하는데 저는 영혼 대신 허리를 줬어요. 인어공주는 꼬리를 다리로 바꾸면서 말을 잃었는데 저는 인어공주보다야 낫죠. 허리로 글을 쓰고 말을 하는 것은 아니니까, 연구도 계속하고 성과를 발표하고 글도 쓸 수 있잖아요?"

이화식은 데이터베이스 엔지니어이자 데이터베이스 컨설팅 업체 '엔코어'의 대표다. 그는 데이터 설계 분야에서 국내 최고의 권위자로 평가받는다.

그는 한 대기업의 전산실에서 일하다 36세에 독립해 데이터베이스 컨설팅 업체를 창업했다. 개별 기업에 데이터베이스를 설계해 주는 일을 하는데, 설계비는 시중가의 세 배로 국내 최고가를 받는다. 창업 3년 만에 350건의 컨설팅을 진행했으며, 1년 치 예약이 밀려 있을 정도로 찾는 곳이 많다. IT분야의 대표 컨설턴트답다.

그는 데이터베이스산업협의회에서 그 분야 발전에 기여한 공로가 큰 사람에게 주는 최고상인 '데이터 구루'에 선정된 바 있다. 또한 그는 데이터베이스 기술의 바이블로 불리며 15만 권이 판매된 『대용량 데이터베이스 솔루션』 등의 저자이기도 하다. 이 책은 일본에서도 번역되어 출간 초기 기술 서적 분야 1위를 기록했으며, 중국에서도 출간되었다. 그는 중국에서 IT분야의 5대 대가(大家)로 불린다.

수학도,
대기업 전산실에 입사하다

　　　　　그의 전공은 전산이 아니다. 대학과 대학원에서 수학을 공부했다. 이화식 대표는 이른바 '지방대학 비전공자 출신'으로 IT분야에 진출한 것이다. 만 25세에 취업 문을 두드리면서 당시 신생 분야였던 IT를 발견했다.

　"수학은 기득권이 중요해서 박사 학위와 해외 유학을 거쳐야 하는데 여건이 안 됐죠. 또 파스칼처럼 똑똑한 수학자가 된다고 해도 공식 한두 가지 정리하고 평생을 마치는 거예요. 수학적 지식과 연관된 것을 찾다 소프트웨어에 주목했습니다. 이 분야는 끊임없이 바뀌기 때문에 끊임없이 무언가를 파는 사람이 1등이 될 수 있겠다 싶었죠."

　그때는 빌 게이츠의 이름이 국내에 알려지기 시작한 무렵으로, 소프트웨어는 이제 막 걸음마 단계에 진입한 시점이었다. 그의 눈에 컴퓨터 관련 업무는 점점 비중이 늘어날 것이고 인간이 퇴보하지 않는 한 필요한 분야로 보였다. 때마침 SK그룹의 전신인 선경인더스트리 전산실에서 전산직을 채용한다는 공고가 났다. 20대 중반의 그는 호기롭게 문을 두드렸다.

　전산직 1명을 뽑는데 지원자는 무려 200명. 1차 시험을 거쳐 최종 면접에서 단 2명만 남았다. 전산학을 전공한 서울지역 대학 졸업생과 컴퓨터를 한 번도 만져 본 적이 없는 지방대학 출신의 수학 전공자의 대결이었다.

　"IT라면 대학 시절 전산과 친구가 보여준 전산 OCR카드를 본 것이 전부였어요. 컴퓨터를 만져 본 적도 없었죠. 면접 준비를 위해 컴퓨터 책을 사서 공부했어요. 하지만 책으로만 배우니 시프트(Shift) 키가 실제로 무슨 기능을 하는지 도대체 이해를 못 하겠더군요. 상대는 컴퓨터 전공자이니 제가 떨어지겠구나 싶었어요. 사실상 포기 상태에서 면접에 임했죠."

하지만 드라마 같은 반전이 펼쳐졌다. 성적 비중이 큰 과목이 컴퓨터 전공 시험이 아니라 컴퓨터 적성검사였는데, 수학도의 적성검사 성적이 컴퓨터 전공자보다 두 배 더 높게 나온 것이다. 면접관들은 그를 주목했다.

"적성검사라는 것이 무슨 창의력, 순발력 테스트 같았어요. '세상에 갑자기 안개가 끼어 하나도 안 보이면 무엇이 바뀌겠는가?' 하는 식의 난생처음 보는 시험 문제들이었죠. 누구도 공부하지 않은 문제였으니 평소에 이런 생각을 많이 하는 제가 가장 유리했어요. 수학은 논리적 사고와 분석력을 중시하는데, 소프트웨어 분야도 분석력이 중요하니 제가 컴퓨터 기술은 부족하지만 가능성을 보고 뽑았다고 하더군요."

컴퓨터를 만져 본 적도 없이 전산직으로 합격한 신입 사원. 입사 첫날부터 그는 회사 전산실에서 밤을 새웠다.

"컴퓨터를 늦게 시작한 만큼 100분의 1이라도 더 노력하기로 결심했죠. 한 달 동안 컴퓨터 학원에 다녔지만 실습할 시간이 부족했어요. 전산실에 발령이 나도 신입 사원이어서 낮에는 컴퓨터를 만질 기회도 적었죠. 그래서 매일 밤 컴퓨터를 놓고 여러 가지 기법을 실습해 봤어요. 밤을 꼬박 새워 연습하고 새벽에 집에 가서 씻고 다시 출근했어요. 며칠 뒤 상사가 이 일을 알고는 야단쳐서 밤새우는 일은 그만뒀어요."

선배에게
따귀를 맞은 이유

집에 제때 들어가는 것도 잠시였다. 이화식은 신입 사원 딱지를 떼자 다시 야근을 밥 먹듯이 했다. 한 개 프로젝트를 맡으면 30일 중 20일은 집에 가지 않고 반년 동안 회사에서 밤낮없이 작업에 몰두했다.

"대학 시절부터 학점을 위해 수학 공식만 외우기보다는 시간이 걸려도 밤새우면서 이해될 때까지 나만의 진리를 분석하는 식으로 공부해 새로울 것도 없었죠."

원리를 중시하는 기질은 IT와 인연을 맺으면서 빛을 발하기 시작했다. 수학도 출신의 신입 사원은 완벽한 프로그래밍을 추구했고, 사소한 오류도 그냥 넘기지 않았다.

입사한 지 2년차에 벌어진 일이다. 그는 한 선배에게 "선배가 설계한 소프트웨어가 약간 이상하다."고 말했다. 7년차 선배가 이론을 가져와 자신이 짠 프로그램의 정당성을 방어하다 논리에서 밀리자 5년 아래 후배를 화장실로 데려갔다.

"선배한테 따귀를 맞았는데 오히려 기분이 좋아졌어요. 제가 옳았다는 것을 보여 주는 증거였으니까요."

시간이 지나면서 누가 옳은지는 더욱 분명해졌다. 그는 스스로 노력해 무엇인가를 만들어 냈고 이해가 될 때까지 파고들었다. IT분야는 끊임없이 바뀐다는 특성이 있다. 급변하는 만큼 끊임없이 무언가를 파는 사람이 1등이 되는 세계다. '항상 원인과 결과가 있다.'고 생각하고 근본 원인을 찾기 위해 밤새우는 후배를 선배들은 도저히 당해낼 수 없었다.

그는 컴퓨터 프로그램을 짜면 짤수록 단순한 응용프로그램보다 핵심 데이터의 품질을 높이는 문제를 고민하기 시작했다. 사람으로 치면 전산의 데이터는 뼈이고, 응용프로그램은 뼈에 붙은 살로 볼 수 있다. 데이터가 전산 시스템의 근원이라는 데 생각이 미쳤고 데이터를 효율적으로 관리하고 통합하는 것이 중요하다는 생각이 들었다. 일상 업무 처리에 중점을 두고 프로그램이 돌아가는 데만 목표를 두던 시절에 그는 이미 데이터 관리의 중요성에 주목한 것이다. 입사 4년이 지났을 때 이 신참은 자신이 발견한 기법을 동료들과 나누고 싶어 상사에게 직원들을 모아 주면 교육을 하겠다고 제안했다.

"하지만 선배들이 창밖을 보고 외면하는 것을 보면서 언젠가는 회사를 그만둬야 한다는 것을 예감했어요."

몇 달 뒤 다른 회사에서 스카우트 제의가 와서 그가 회사를 떠나려 하자 상사가 더 좋은 조건을 제시하며 만류했다.

"직장은 언제든 바꿀 수 있지만 전산인으로서 나의 길만은 바뀌지 않을 것이라는 말에 상사도 놓아 주었습니다."

21세기에 태어난
IT계의 미켈란젤로

4년차 전산 담당자가 옮겨간 곳은 새로 설립된 삼성종합화학이었다. 직책은 전산소장. 국내 최초로 '관계형' 데이터베이스를 구축해 회사 시스템에 적용하는 일을 맡았다. 기존에는 데이터를 나열하는 방식을 사용했지만 파일로 묶어 범주를 분류하면 처리 속도가 빨라지는 방식을 도입한 것이다. 전산 경력이 4년에 불과한 소장이 국내에서 처음 시도하는 이 계획에 삼성 비서실도 처음에는 반대했다.

"뉴턴이 계란 대신 시계를 삶았다는 일화가 이해가 되더군요. 저도 생각을 하며 걸어가다 전봇대에 머리를 박아 구급차에 실려 가기도 했습니다. 이론적으로는 제 생각이 맞아도 선례가 없고 책에도 없으니 계속 생각했어요."

등이 굽은 것도 이때부터였다. 하루 10시간 동안 연구했다는 설명을 들으면서 미켈란젤로가 캔버스가 아니라 컴퓨터 앞에 앉아 있는 장면이 떠올랐다. 몇 년 동안 천장에 그림을 그렸더니 말년에는 목을 제대로 가누지 못했다는 화가 미켈란젤로가 21세기에 태어나 IT업계에 종사했다면 그 같은 모습이지 않았을까?

'IT계의 미켈란젤로'는 월급쟁이 엔지니어로 일한 지 10년 만에 독립해 데이터베이스 컨설팅 업체를 창업하기로 결심한다. 한 개의 프로젝트를 해결하고 나면 열정을 태울 만한 새로운 프로젝트에 도전하면서, 그간 경험한 기업체 전산실만 네 곳인 상태였다.

안정 vs 모험
선택의 기로에서

그에 따르면 직업은 두 가지로 나뉜다. 즉 '엔지니어처럼 직접 무언가를 만드는 사람'과 '감독처럼 사람들을 관리하면서 대리 만족하는 사람'이다. 그는 무언가를 만드는 것을 좋아했다. 대리 만족에 그치는 스타일은 분명 아니었다. 어릴 때부터 무언가를 만들기를 좋아했고 하나에 몰두하는 기질이 있어 막연하게 엔지니어든 예술가든 할 것 같다고 생각했다. 대리 만족을 하고 싶지 않았고 '남이 못 하는 것을 하자.'는 각오로 IT 업계에서 엔지니어로 일했다.

하지만 이 분야에서 최고로 인정받자 만드는 것만으로는 성에 차지 않았다. 감독도 하고 싶어졌다. CEO가 되어 돈을 벌자고 생각한 것은 그즈음이었다.

"재주는 곰이 부리고 돈은 왕서방이 챙긴다는 말이 있잖아요. 재주만 부리는 곰이 되고 싶지 않았어요. 그렇다고 돈만 버는 왕서방이 되고 싶지도 않았습니다. 재주는 부리되 왕서방도 되자는 거죠."

창업을 선언하자 부인이 강경하게 만류했다. 왜 안전한 길을 두고 불확실한 길에 뛰어들어서 위험 부담을 안으려고 하느냐는 것이다. 30대 중반, 10년차 월급쟁이는 북한산을 바라보며 자신에게 물었다.

"과연 확실한가? '데이터베이스 구축'이라는 사업 자체는 확신이 있었지만 사회를 잘 모르니 마음속으로 가능할까 고심은 했어요. 100퍼센트가 아니라 1000퍼센트 확실하지 않으면 뛰어들지 않겠다는 각오로 철저하게 준비했어요. 그러다가 세상이 다 망할지라도 내가 하는 분야는 실패할 수 없다는 확신이 들었어요. 2년 정도 프로젝트를 하면서 눈여겨본 사람과 함께 창업했죠."

창업하고 한 달 뒤 IMF 외환 위기가 찾아왔다. 내로라하는 기업마저 줄줄이 부도를 내면서 IT업계에도 타격이 왔다. 하지만 기본기가 탄탄한 그의 회사에는 예상 밖의 기회가 됐다.

"이미 창업 첫해 1년 치 데이터베이스 예약을 받고 출발했어요. 데이터베이스 구축은 기업체 운영에 필수적이어서 아무리 원가를 절감한다 해도 수요는 있거든요. 제가 예측하지 못한 것이 외환위기였는데 오히려 득이 됐어요. 회사 간의 합병으로 데이터베이스 구축과 통합 수요가 늘어나면서 일이 늘어났어요."

한번은 자신이 몸담았던 친정 회사의 데이터베이스 설치도 맡았는데 만감이 교차했다. 대량 해고자 명단 때문이었다.

"한때 제가 일했던 회사의 데이터베이스 설치 자료를 봤더니 1000명 이상 감원한다는 계획이 있었어요. 해고 대상자 명단에는 함께 일했던 선배와 동료 들도 포함돼 있어 가슴이 아팠어요. 요즘 청년들도 진로를 위해 미래의 전망을 따지지만 세상에 확실한 것은 없죠. 그러니 눈앞의 현실이나 이해득실이 아니라 앞을 내다보고 맞다는 판단이 들면 용기 있게 나아가야죠."

진로 탐색, 나를 아는 것이
우선이다

1997년 사장을 포함해 엔지니어 2명으로 창업한 회사는 현재 120여 명이 넘는 회사로 성장했다. 그가 창업한 '엔코아'는 부침이 심한 IT계에서 드물게 20년 가까이 롱런 하는 회사다. 이 회사의 프로젝트 설치비는 한 건에 5600만 원으로 대기업보다도 높고 시중가의 세 배로 국내 최고 가격을 자랑한다. 한국에서 활동을 발판 삼아 일본과 중국에도 진출했다. 중국에서도 한 개 프로젝트 컨설팅으로 현지 10년차 직원의 3년 치 연봉을 받을 정도다.

대표가 전산 전공자가 아니라는 점에서 짐작할 수 있듯, 이 회사에서는 직원 채용 시 학력을 중요하게 보지 않는다.

"전문가로 크고 싶어 지원하는 사람들이 많습니다. 신입 사원을 뽑을 때 10년, 20년, 50년이 지나도 변치 않을 신념이 있는 사람이라면 도와주고 기회를 주려고 합니다. 반대로 명문대 출신이라도 창의력이나 의지가 부족하면 바로 탈락입니다. 제가 낸 면접 문제 중 하나가 '나를 부품으로 구성된 기계로 본다면 그 특성을 나눠 묘사해 보라.'는 것이었어요. 힘이 세다, 머리가 좋다 등으로 표현하는데 대다수가 자신의 특성에 대해 20퍼센트밖에 못 적더군요. 자신의 특성을 100개 이상 제대로 적을 수 있다면 이미 위대한 사람이 될 자질이 있다고 봅니다. 예컨대 기후가 좋아 삼모작으로 농사를 지으면 잘살 것 같지만 실제로는 일모작을 하는 농부가 더 잘사는 이치와 같아요. 척박한 환경에서 농사짓는 사람은 땅의 특성과 풍토를 연구하며 아주

적은 가능성도 활용하기 위해 노력합니다. 저는 말하자면 그런 사람들을 선발해 기회를 주고 지원합니다."

산골 소년의
집념

어린 시절 그는 경북 예천의 한 산골 마을에서 성장했다. 초등학교를 1년 일찍 들어가서 교사의 말을 이해하기 힘들었다. 2학년까지는 시험을 치면 0점을 맞았다. 하지만 3학년 때 처음 수학 시험에서 100점을 맞았다.

"부모님이 칭찬해 주자 기분이 좋아졌어요. 소 꼴을 먹이는 것이 제가 맡은 일이어서 소고삐를 잡고 갈 때도 책을 들고 다니자 동네 사람들이 칭찬해 주더라고요. 그래서 공부하는 시늉을 했던 것 같아요. 어느 날 한 친구가 숙제를 하지 않아 선생님께 야단을 맞았어요. 그 친구에게 왜 숙제를 안 하느냐고 물었더니 실컷 놀고 한 번 맞는게 낫다고 말해 충격받았죠. 나는 1개를 버리면 5개를 얻는다고 생각했거든요. '노는 것'을 버리면 맞을 필요가 없고, 성적도 잘 나오고, 칭찬받고, 부모님이 기뻐하시고, 무엇이 될지는 잘 모르겠지만 이후 좋은 사람이 될 것 같다는 식이었죠. 누구 생각이 맞는지 50년 동안 지켜보자고 마음속으로 다짐했는데, 40년 동안 이런 의문을 계속 품고 살았죠."

마을에서 가장 부자였던 그 친구는 중학교만 졸업했다. 반면 소작

농의 자식이었던 그는 고향에서 최초의 대학 졸업생으로 기록됐다. 그리고 기술자 겸 창업자가 됐다. 회사 대표로서 자신의 소득은 공개하지 않았지만, 1990년대 중반 창업을 준비하며 프리랜서 컨설턴트로 일할 당시 이미 하루 일당만 200만 원을 받으며 일했다고 한다. 지금도 기업 운영을 하지 않고 혼자 일해도 연봉이 5억 원은 넘을 것이라고 넌지시 말했다. 가치 있는 일을 하면서 돈도 버니 성공한 삶이다.

인생에 정답은 없지만 그는 자신의 방식대로 살아왔고 그 결과에 최소한 만족하고 있다. 40년 동안 발견한 것은 자신과 그 친구의 차이가 부유함이나 지능에 있지 않다는 점이다.

"마인드의 차이였죠. 우리는 각도가 달랐어요. 저는 열정과 정성을 다하면 투자한 만큼 그 대가가 돌아온다고 믿었어요. 하고 싶은 것이 있으면 100배 노력해도 해야만 하는 스타일이었죠. 칼싸움을 하고 싶은 데 칼을 살 돈이 없으면 저는 떡갈나무를 베어 내 100일 동안 다듬어 목검을 만들어야 직성이 풀렸어요. 도화지가 없다면 마음속으로 상상하면서 그림 그리기를 연습했죠. 친구들에게 자랑하고 싶은 마음, 자기 만족감이 강했습니다. 원하는 목표를 이루기 위해 시간과 열정을 투자할 각오가 돼 있었고 그런 것을 즐겼어요."

그 나이의 시골 출신 대부분이 그랬겠지만 그의 집안은 유독 가난했다. 농사를 지어도 수확물의 절반을 지주에게 줘야 하는 소작농이었고, 집도 없어 초가집에 세 들어 사는 처지였다. 부모는 그가 중학교를 졸업해 농사를 지었으면 했다. 그의 열정을 알아본 것은 스승이었다. 중학교 3학년 때 담임 선생님이 집에 찾아와 부모를 설득했다.

"이 아이는 농사짓게 하면 안 됩니다. 형편은 어렵겠지만 대도시에 있는 고등학교에 가서 공부하도록 도와주세요."

그는 대구에 있는 공고로 진학했다. 읍내의 예천농고만 가도 최고 학력으로 쳐주는 시골 마을에서 대구로 유학 간 첫 번째 경우였기에 고향에서는 나름 우상이었다. 고등학교 2학년 무렵, 그는 또 다른 최고가 되기 위해 대학 진학을 꿈꾸기 시작했다. 하지만 공고 진학을 어렵사리 도와준 부모를 설득할 자신이 없었다. 그는 몰래 대학 진학 시험을 준비했다.

"꿈을 놓든지 꿈을 찾아가든지 양자택일을 해야 했어요. 대학을 가기로 마음은 먹었지만 도와줄 사람이 없으니 혼자 공부하는 수밖에 없었죠. 공고 3학년 시절에는 책상 밑에 책을 숨겨 두고 몰래 공부했어요. 남들이 3년 하는 공부를 1년 동안 혼자 해내야 했죠. 수학 공부를 위해 헌책방에 가서 참고서를 산 뒤 수백 페이지의 참고서를 30일 치로 나누고 10분 단위로 시간을 체크하면서 공부하기도 했어요."

대학에 진학하면서 고등학교와 연관이 있는 공과대학은 쳐다보지도 않았다. 오히려 이과 중에서도 가장 순수 학문이자 자신이 좋아하던 수학 분야를 전공으로 택했다. 부모한테 대학 진학도 숨겼을 정도이니 도움은 기대할 수 없었다. 대학 등록금을 혼자 벌기 위해 4년 내내 매일 두 건 정도 과외 등의 아르바이트를 했다. 수학을 더 공부하려고 대학원에 진학했을 때도 학비를 벌기 위해 군에 장교로 지원해 월급을 받으며 석사 공부를 마쳤다.

엔지니어는
내 운명

공고 출신으로 애써 외면했던 공과대학. 하지만 무엇인가 만들기를 좋아했던 그는 돌고 돌아 결국 엔지니어가 됐다. 현재는 엔지니어라는 사실을 자랑스럽게 여긴다. 회사 대표인 지금도 여전히 기술 감독의 한 축을 맡고 있다. 거래처 관리는 다른 임원에게 맡기고 그는 직원들이 개발한 프로젝트를 최종 검수한다. 최근에는 중국 프로젝트에 직접 뛰어들었다.

"CEO의 책무 중 하나가 거시적 관리를 하고 다음 먹거리를 준비하는 것입니다. 요즘은 우리가 국내에서 한 일을 바탕으로 중국이라는 거대한 세계와 소통을 시도하고 있습니다. 하지만 저는 이 분야를 연구하는 것도 좋아하고 아직은 사람 관리만큼이나 기술 관리가 중요하니 이 둘을 병행하는 겁니다."

이화식 대표가 15년 이상 데이터 분야의 최고 권위자로 불리는 데는 다 이유가 있었다. 요즘도 그는 대기업과 대학 등에서 전문가를 대상으로 하는 주요 강의는 직접 맡는다. 급변하는 IT 환경에 대응하기 위해 본인이 쓴 데이터 이론에 대한 책도 계속 업그레이드하는 중이다.

"책 쓰는 데 진도가 나가지 않으면 한 달 동안 산속에서 칩거합니다. 마감하지 못하면 수염도 깎지 않고 원고를 씁니다. 힘들어도 책을 쓰고 강연하는 이유는 50명, 100명이 보니까 그만큼 가치가 있기 때문입니다. 남들은 힘들게 얻은 비법을 왜 공개하느냐고 하지만 저는

그 비법을 공유하고 새로운 샘을 파는 게 더 좋아요. 가령 바둑에 대한 책을 보급한다고 칩시다. 어차피 그 책을 읽는다고 모두가 프로 바둑 기사가 될 수는 없어요. 하지만 책을 통해 바둑 인구를 늘리고 시장이 커지면 프로 기사들이 할 일이 많아지겠죠. 같은 이치예요. 실제로 한국에서 10년 이상 서서히 기술력을 쌓은 뒤 이를 전파한 경험이 중국 시장에서 인정받아 쉽게 진출하는 식으로 보답받았어요.

돈만 보고 기업을 운영하라면 못합니다. 개인적으로 강연하고 책만 써도 한 해에 5억 원 이상 벌 수 있는데 굳이 힘들게 기업을 운영하는 이유는 그것이 가치 있는 일이기 때문입니다. 제가 하는 일이 명예도 있고 보람도 있으니 다행입니다.”

위대한 엔지니어를
꿈꾼다면

　　　　한국의 IT산업은 선진국에 비하면 아직 걸음마 단계다. 국내 기업에서 국산 제품을 사용하는 비중이 하드웨어는 73퍼센트, 소프트웨어는 8퍼센트에 불과하다. 특히 자동차와 항공, 철도 등에 들어가는 소프트웨어는 대부분 수입에 의존하고 있는 실정이다. 20년가량 국내에서 롱런 하며 중국 베이징과 심천에도 유한회사를 세운 그의 업적이 돋보이는 이유이기도 하다. 그는 소프트웨어 만드는 것을 건물 설계에 비유한다.

"설계는 '어떻게 만드는가.(How to do)'와 '무엇을 만드는가.(What to do)'로 나뉘는데 후자가 더욱 중요합니다. 특히 IT영역의 설계는 단순 기술이 필요한 2층짜리 집을 짓는 것이 아니라 100층짜리 건물을 짓는 것에 비유할 수 있습니다. 몇 년에 한 번씩 그 흐름이 크게 바뀌는데, 이를 건축에 비유하자면 자재와 공법이 함께 변하는 것이라 볼 수 있습니다."

IT업계는 가장 빨리 진화하는 분야인 만큼 기득권이 없다. 변하는 세상을 따라가기에도 급급하다. 하지만 결국은 속도보다 방향이다.

"엔지니어는 인내심도 중요하지만 지혜가 있어야 합니다. 고지식함만으로는 안 되고 스스로 변화할 줄 알아야 합니다. 컴퓨터 언어가 바뀔 수도 있어요. 그래서 저는 후배들에게 막연히 열심히 하지 말라고 합니다. 첫째, 구체적인 목표를 설정하고 둘째, 그에 맞는 전략을 알아야 합니다. 모든 일에는 원인과 결과가 있으니 촉매를 찾아보라고 합니다.

나침반만 들고 목표에 간다고 하면 어긋날 수 있어요. 각도가 1도도 안 틀리고 가기 어렵죠. 배를 운행한다면 목표인 등대를 보고 가라는 거죠. 그러면 일순간은 삐뚤어져도 결국은 목표에 도달할 수 있다고 봅니다."

스스로 변화하고
깊이 사고하라

　　　　　　　IT 분야 엔지니어로서 그가 가장 중시하는 것은 사고력, 즉 깊게 생각하는 힘이다. 단순한 기술력이 아니라 잠재력을 보고 사람을 뽑는다.

"한번은 명문 대학 졸업생을 면접하면서 제가 그랬어요. '자네는 시험 치는 능력은 뛰어나지만 생각하는 능력은 빵점이다.' 지원자 자신도 그 점을 시인하더군요. 예컨대 바둑 잘 두는 사람은 반복을 많이 하고 경험을 많이 해서 잘 두는 것이 아닙니다. 9단은 모든 '경우의 수'를 경험한 것이 아니라 그 순간 생각해 내는 능력이 중요하죠. 우리 IT업계에서 한 번도 안 한 것을 하려면 생각하는 능력이 중요합니다. 왜 그럴까, 원리에 주목하고 파고들어야 합니다. 진리의 보석이 5미터 밑에 있다고 가정할 때 100명이 각자 1미터씩 파면 보석을 찾을 수 없습니다. 대신 5미터까지 파는 사람이 1명이라도 있으면 보석을 찾을 수 있습니다. 그게 바로 우리 분야에서 필요로 하는 능력입니다."

그도 항상 문제를 풀어내려고 생각한다. 문제를 만나면 술을 먹으면서도 생각한다. 어느 날은 택시를 타고 가다가 프로그램을 짜는 코딩을 10분의 1로 줄이면서도 수행 속도를 10배 이상 향상시키는 방법을 고안하기도 했다.

"처리 속도를 줄이려고 고민하는 중에 장거리 택시를 타게 됐어요. 승강장에 거리가 먼 인천과 가까운 서울 주변으로 가는 택시 줄이 있었어요. 인천으로 가려는 승객 수가 항상 더 많은데도, 이상하게 서울행 단거리 줄보다 먼저 사라지는 거예요. 이유는 인천 가는 장거리 택시는 손님 4명을 모아서 출발하고 가까운 지역은 1명만 있어도 출발하니, 오히려 단거리 손님 줄이 잘 없어지지 않는 거죠. 이 현상을 데이터 시스템에 응용해, 데이터 양이 많아도 속도를 높여 빨리 처리할 수 있도록 했어요. 예를 들어 월급 계산 프로그램이라고 하면, 데이터를 사람마다 읽지 않고 특정 범주로 묶으면 계산 횟수가 줄고 속도가 빨라지는 거죠."

IT분야의 엔지니어임을 자랑스러워하는 그가 후배들에게 덧붙이는 말이 있다.

"성공하려면 자기가 하고 싶은 일을 해야 합니다. 즉 재미를 느껴야 합니다. 그렇지 않으면 오래 할 수 없어요. 재미가 있어야 끊임없이 그 일을 지속하고 대기만성하게 됩니다."

로켓은 초속 11.4킬로미터 이상으로 날지 않으면 대기권을 뚫을 수 없다. 그 이후로도 현상 유지를 위해서는 일정 수준 이상의 속도를 내야 한다. 수학 공식을 암기하기보다는 원리 찾기에 몰두했던 한 수학자는 대기업 전산실을 거쳐 IT업체를 창업하고, 이제는 해외 진출에 나섰다. 그가 IT엔지니어로 살아온 삶의 궤적은 마치 초속으로 날아가는 로켓 같다. 그는 여전히 속도감을 즐기고 있는 듯하다.

"대기권을 뚫기 위해서는 더 빠른 속도로 나가야 합니다. IT분야에서는 스스로 변해야 하니까요."

데이터베이스 관리자는 컴퓨터를 사용해 데이터를 체계적으로 정리하고 이를 구축, 관리, 분석하는 일을 한다. 개별 기업이나 기관의 데이터베이스에 문제가 생기면 이를 신속하게 복구하고, 데이터베이스를 주기적으로 백업해 자료 손실을 예방하며, 최신 시스템으로 업그레이드하는 역할이다.

데이터는 IT분야의 핵심으로, 단순 관리자와 시스템을 구축하는 설계자로 나뉜다. 이화식 대표는 데이터 설계자로서 '데이터 아키텍트(Architect)'로 불린다. 건축에 비유하자면 '데이터 설계자'는 건물을 설계하고, '데이터 관리자'는 평상시에 건물을 관리한다고 할 수 있다. 따라서 데이터 관련 직종은 고객사의 시스템 전반을 이용하는 기술력과 상담 업무가 모두 중요하다.

데이터베이스 관리자는 데이터베이스 제작과 유통 업체, 정보컨설팅 업체, 시스템 통합 업체, 데이터를 관리하는 기업이나 공공기관 등에 진출할 수 있다.

전문대학이나 대학교에서 컴퓨터공학과, 전자공학과, 정보처리학과, 전자계산과, 전산공학과 등을 전공하면 유리하다.

자료 시스템을 설치·운용할 수 있는 능력, 보안 기술, 효과적인 의사소통 능력이 필요하고 회계·인사·재무·생산 등의 일반 업무에 대한 지식도 있으면 유용하다. 한편 '정보 보안가'는 건물 안의 자료를 지키는 일을 한다. 즉 네트워크와 관련된 정보를 처리하고 저장하며 사이버 범죄로부터 시스템을 보호하는 역할로, 보안 소프트웨어 개발자 등이 여기에 포함된다. 이밖에 IT분야의 다른 직종으로는 게임 개발자와 앱 개발자가 있는데 이는 데이터와 관련이 없고 프로그램을 개발하는 직종이다.

Tip2. 종사자 수와 연봉

한국직업능력개발원에 따르면 데이터베이스 관리자와 개발자의 종사자 수는 5200명이며 이 가운데 임금 근로자는 5100명(97.8퍼센트)이다. 남성이 74.5퍼센트, 여성이 25.5퍼센트를 차지하고 평균 연령은 32.5세이다. 학력은 평균 16.1년, 평균 계속 근로 연수는 6.7년이다. 데이터베이스 개발자의 월평균 수입은 325만 원이다.

또 IT컨설턴트가 포함된 컴퓨터시스템 설계와 분석가는 1만 1500명으로 집계되며, 이 가운데 임금 근로자는 1만 800명(93.3퍼센트)이다. 남성은 80.6퍼센트이며 여성은 19.4퍼센트이며, 평균 연령은 37.3세, 평균 학력은 16.2년, 평균 계속 근로 연수는 5.1년으로 나타났다. 컴퓨터시스템 설계와 분석가의 월평균 수입은 386만 원이다.

Tip3. 10년 뒤 직업 전망

IT분야는 기술 발전과 함께 그 영역이 계속 넓어질 것으로 전망된다. IT는 컴퓨터 도입 초기만 해도 일반 기업을 측면 지원하는 분야였지만, 최근에는 기반이 되는 분야로 성장했다.

조선과 자동차, 휴대전화 등 산업 간 '융합'이 화두가 되면서 IT의 중요성이 커졌고, 증권회사와 공공기관에서도 데이터 관리와 해킹 예방의 중요성이 커지고 있다. 특히 데이터와 네트워크 분석가, 컴퓨터 소프트웨어 엔지니어는 미국에서도 가장 빨리 성장하는 직종에 포함된다.

국내 IT 산업은 아직 선진국과 격차가 크다. 국내 소프트웨어 시장 규모는 95억 달러로, 세계시장 8534억 달러의 1.8퍼센트에 불과하다. 수요가 늘어나는 만큼 이 분야의 지원자도 늘어나 경쟁은 치열할 전망이다.

선박 설계의 일인자

조선 공학자
이동대

1952년 경주에서 태어나 1978년 부산대학교 조선공학과를 졸업하고 같은 해 현대중공업에 입사했다. 2007년 임원이 됐으며 2012년부터는 기술 자문을 맡고 있다. 각종 상선과 부유식 원유 생산저장시설(FPSO)의 구조를 설계해 선박 구조 설계 분야의 일인자로 불리며, 1997년 현대그룹에서 주는 현대기술상을 수상했다.

"

저는 이곳을 한 번도 '우리 회사'라고 부르지 않았어요. '내 회사'라고 하죠.
또 제가 설계하거나 제작에 참여한 배는 선주에게 인도해도 제가 설계했으
니 '나의 배'라고 부릅니다. 자부심에 걸맞게 만들려면 더욱 노력해야죠.

"

공장의 매연이 지구를 오염시키지 않도록 굴뚝을 짓는 방법은? 굴뚝의 길이를 엄청 높이 지어 연기를 하늘 위로 빼내면 된다. 하지만 공학자라면 그렇게 생각하지 않는다. '비용'과 '효과'를 동시에 고려하기 때문이다. 같은 이공계 출신이지만 자연과학자와 달리 공학자는 최소한의 비용으로 가장 효율적인 기술을 만들기 위해 고민한다.

1970년대 조선소도 지어지지 않은 상태에서 선박을 수주한 현대중공업. 정주영 창업자가 거북선이 그려진 500원짜리 지폐와 조선소가 들어설 울산 미포만의 지도, 백사장 사진만 갖고 유럽 금융기관에서 돈을 빌린 뒤, 선박 두 척을 수주한 일화는 이미 널리 알려져 있다. 뒤집어 말하면 이 일화에는 초창기 우리 조선업의 척박한 풍토가 반영되어 있다. 21세기 대한민국의 조선업은 세계 1위를 달리고 있다. 하위권에서 1위로 도약하는 데 불과 한 세대밖에 걸리지 않은 것은 우수한 엔지니어들의 노력이 있었기 때문이다.

배를 만드는 일에는 부력을 연구하는 유체역학과 물리학, 엔진 제조, 통신 등 종합적인 기술력이 필요하다. 조선 설계의 핵심은 고객들의 요구를 고려하면서 안전하고 효율적인 선박이 되도록 설계하는 것이다. 30년 이상 조선소에서 일하며 조선 설계 분야의 일인자로 불리는 조선 공학자 이동대를 만났다. 그는 자신을 '실용적 엔지니어, 구조쟁이'라고 부른다.

조선 설계의
글로벌 기준을 제시하다

1970년 조선업에 첫발을 내디딘 국내 업체는 1970년대 모방 단계, 1980년대 초보적인 독자 설계 단계를 거쳐 1990년대 이후부터는 독자적인 기술력으로 승부하기 시작했다. 그 결과 한국 조선 업체는 세계 시장에서 가장 많은 선박 수주를 받아 선두로 도약했다. 일등 공신에는 이동대 상무도 있었다.

1990년대 초 유명한 세 개의 선사(엑슨모빌, 오나시스, 굴란드리스)가 컨소시엄을 이루어 현대중공업을 찾았다. 이들은 그동안 고급 사양의 선박을 일본에서만 건조해 왔지만, 품질로 주목받기 시작한 한국 조선사에 초대형 유조선 제작을 타진하러 온 것이다.

하지만 이들의 신뢰를 얻기는 쉽지 않았다. 조선소에서 선박의 뼈대인 골재 숫자는 줄이고 간격을 넓혀서 생산성을 향상시킨 신공법을 제안하자 선주들은 이를 거부했다. 자재를 줄이려고 속임수를 쓴 것이라고 여겼다. 당시 선진 조선 기술을 보유한 일본 선박 업체에서 무게를 줄이는 경량화 기법으로 제작한 선박에서 인도한 지 2년 만에 기름이 새는 사고가 발생해 불신 풍조가 팽배한 시점이었다. 이 같은 사고를 방지하기 위해 선체를 두 겹으로 만드는 이중선체 유조선이 법제화되고 있었다.

선주들은 이 회사가 제시한 대형 유조선의 뼈대인 골재 수를 줄이는 신공법의 안전성이 실제 선박으로 증명되지 않았다며 무조건 기존 방식으로 제작하기를 요구했다. 그때 신공법의 개발자인 이동대 부장이 일어섰다.

"저는 신(God)의 능력을 믿습니다. 잘 아시다시피 큰 물고기와 작은 물고기의 뼈대 수에는 큰 차이가 없습니다. 왜 최고의 설계자인 하느님은 큰 물고기의 뼈의 수를 더 늘리지 않고 뼈의 굵기만 늘리셨을까요?"

이동대 부장은 선주사 기술진의 얼굴에서 가능성을 엿보고 밀어부쳤다.

"우리가 제안한 공법은 무게를 줄이는 것이 아닙니다. 전체 자재의 양은 오히려 늘어납니다. 즉 뼈대인 골재를 굵게 하고 간격만 넓히자는 거죠. 호텔이 단독주택에 비해 기둥의 간격은 넓어도 안전에는 문제가 없는 것과 같습니다. 우리의 설계 공법은 골재 수는 줄이되 각 골재의 굵기는 굵게 하고 필요한 곳에 강도가 센 고장력강을 사용해 구조적으로 설계하려는 겁니다. 그렇게 하면 더욱 튼튼하고 사용하기 편리한 배를 만들 수 있습니다."

그때까지만 해도 유조선은 선체가 커져도 선박의 뼈대인 골재 간격은 비슷하게 설계하는 방식이 지배적이었다. 결과적으로 덩치가 큰 초대형 이중선체 유조선은 철판 조각이 11만 개로, 6~7만 개가 쓰인 중형 유조선에 비해 골재 수가 두 배로 늘어났다.

선박의 크기에 따라 골재의 간격과 굵기를 다르게 하자는, 즉 대형 유조선의 골재 수를 줄이자는 이 제안은 결국 받아들여졌다. 당시 초대형 이중선체 유조선의 철판 조각은 11만 개가 넘어, 쇳조각을 이어 붙이면 부산에서 판문점을 왕복하고도 남을 길이였다. 여기에 신공법을 적용했더니 쇳조각 수는 3만 개, 용접 길이는 150킬로미터가 줄어들어 생산성이 크게 향상되었다.

선박의 골재 간격이 무조건 1미터를 넘지 말아야 한다는 관행은 이후 근거 없음이 드러났고 경쟁업체들은 한참 뒤에야 이를 따라 했다.

"기술 개선은 위기 상황에서 나옵니다. 1990년대 중반 조선 업체들의 경쟁이 치열해지면서 유조선 시장 가격이 20퍼센트 이상 떨어졌어요. 기존 방식을 고집하면 적자를 보니 돌파구를 찾아야 했죠. 적자를 보지 않으려면 경쟁력을 갖춰야 하는데 제조원가는 내려가지 않았고 인건비의 비중이 컸습니다. 방법을 찾다 보니 제작 시간을 줄이는 설계를 제안하게 됐죠. 새로운 설계는 9일이 걸리던 블록 제작 기간을 6일로 단축시켰습니다. 철판 두께가 두꺼워지고 골재(뼈대)가 커져 자재비는 증가하지만 용접 시간은 30퍼센트가량 줄어 생산성이 월등히 향상된 거죠. 제작 기간을 줄이면 더 빨리 더 많은 배를 만들 수 있고, 그 결과 수지가 맞는 거죠.

처음에는 선주 쪽 기술진이 신공법을 배척했지만 제가 기술진에게 고전역학의 '판 이론, 보 이론, 기둥 이론' 등으로 설명하여 선주 승인을 얻어 현실화하자 경쟁 조선 업체들도 이후 이렇게 했습니다."

'물고기 뼈대' 이론을 내세워 골재 간격을 늘이고 용접 인건비를 줄인 공법을 일반화시킨 공로로 그는 1997년 현대그룹 전체를 통틀어 가장 뛰어난 기술자에게 주는 현대기술상을 수상하기도 했다.

관행을 버리고
혁신으로

선박을 만드는 조선 산업의 계보는 유럽을 거쳐 일본, 그리고 다시 우리나라로 그 흐름이 이어진다. 우리나라 조선업은 2000년대 이후 세계 1위로 도약했지만 초창기에는 외국의 관행을 따르는 데 급급했다. 하지만 점차 관행에 과학적인 근거가 없다는 확신이 들면서 개선을 시도했다. 뼈아픈 실패의 경험에서 나온 교훈이었다.

"설계자로서 제일 마음고생할 때는 제가 설계한 선박에서 설계 결함에 의해 선체 손상 사례가 발생할 때입니다. 당시 유럽의 선주들이 원하는 대로, 국제 선급 규정을 지켰는데도 균열이 발견된 거죠. 규칙만으로 해결되지 않는 게 있다는 것을 깨달았습니다. 선박 구조 설계를 하면 할수록, 아무리 전통적으로 확증된 방법이라 하더라도 버릴 것은 버려야 한다고 생각했어요."

우리가 현재 전통의학의 토대라고 부르는 동의보감도 쓰인 당시에는 관행을 탈피한 혁신에서 출발했다. 선박 구조 설계도 마찬가지다. 선박이 대형화될수록 구조가 취약해지므로 이 문제를 해결하려면 '관행'이 아니라 '혁신'이 필요하다. 초대형 컨테이너선의 경우 1980년대 초만 해도 컨테이너 1200개를 싣는 크기인 1200 TEU급이 최대였지만 지금은 10배가 넘는 1만 8000 TEU급을 제작한다. 즉 배가 커지면 설계법도 달라져야 한다.

"이후 역학의 기본을 토대로 모든 설계를 다시 확인하게 됐습니다. 그랬더니 문제점이 보였고, 근거 없는 관행은 없애고 기술을 개선할 수 있었어요."

하지만 혁신은 혼자 이뤄낼 수 없다. 선박을 아무리 구조적으로 안전하게 혁신적으로 설계해도, 선주와 감리 기관을 설득하지 못하면 상품화될 수 없다.

기본적으로 기술진과 선주는 입장이 다르다. 기술자들은 안전성을 확보하면서도 최소의 비용으로 최적의 맞춤형 제품을 만들기 위해 새로운 공법을 제안한다. 하지만 선주와 감리 기관은 대체로 보수적인 기술을 유지하며 만들어 줄 것을 주문한다. 이 과정에서 의견 충돌이 빚어질 수 있다.

자동차는 개발 단계부터 시제품을 만들어 충돌 실험을 한 뒤 대량 생산하기에 고객 입장에서는 자동차 실물을 보고 구입할 수 있다. 하지만 선박은 한 척을 제작하는 데 수백억, 수천억 원이 들기 때문에 시제품을 만들어 시험할 수가 없다. 대신 초기 설계 도면으로 선주와 감리 기관의 승인을 얻어 제작 계약을 하게 된다. 그래서 기존의 제작 실적과 설득이 중요하다.

"배마다 주문 사항이 다르고 기존에 만든 것과 크기가 달라지면 어떤 제품이 완성될지 예상하기 힘든 경우가 많죠. 설계자가 기술을 개선하려고 할 때 이론적으로 확신이 있어도 선주인 상대방을 설득하지 못하면 소용이 없어요."

그는 권위 앞에 굴하지 않고 상대방을 끝까지 설득한다. 기존의 제작 방식을 고수하던 MIT 교수 출신의 선주 측 기술자도 이동대 부장에게는 손을 들었다. 그 기술자는 선주 대표로 전권을 가지고 기술 사양을 협의하기 위해 조선소를 방문했다. 그는 본인의 선체구조 이론에 의한 보수적인 기법을 고수하며, 골재 간격을 넓힌 제작 기법은 물론 컴퓨터 시뮬레이션을 활용해 설계하는 기법도 거부했다. 하지만 이동대 부장은 그 교수가 제시한 이론과 실제 바다에서 나타나는 현상과의 차이를 지적하며, 자신이 설계하는 방식이 옳다고 강조했다.

"결국 그 교수는 1500톤의 쇠를 더 사용하는 비싼 배를 주문하면서 저에게 설계를 위임한다고만 말하고 돌아갔어요."

"조선소에 배가 아니라
쇳조각과 인력만 주문했습니까?"

2000년에 이동대 상무는 초대형 유조선을 주문받아 설계를 맡게 됐다. 미국의 얕은 수로를 따라 운행할 수 있는 납작한 배를 설계해야 했는데, 고심할 점이 많았다. 배의 높이가 낮아 휘청거림이 심했는데 이를 보완하기 위해 몇 가지 설계를 변경해서 고안했다. 선주가 당초 계약서에서 제안한 3층 구조의 선박을 2층으로 변경해, 공간은 넓히고 남는 강재는 갑판 등 다른 곳에 사용할 것을 제안했다. 선주는 설계 변경 제안을 흔쾌히 수락했으나, 기술 합의서에 서명을 미뤘다. 자재는 동일하게 들어가지만 층이 하나 줄어 작업이 쉬워졌으니 그만큼 인건비를 환불하라는 것이었다. 그 순간 이상무가 선주에게 말했다.

"당신은 우리 조선소에 쇳조각과 용접하는 인력을 주문했습니까, 아니면 품질 좋은 배를 주문했습니까? 그 인건비는 저를 포함한 기술진들이 몇 날 며칠 고심한 기술료로 대신 청구하겠습니다. 저희는 품질 좋은 배를 만들기 위해 고안한 아이디어 비용을 따로 요구하지 않았습니다. 제가 당신이라면 특별 보너스를 주겠습니다."

결국 회사는 선주 측에 한 푼도 돌려주지 않았다. 그에게는 이날이 30년차 조선설계 기술자로서 가장 즐거운 날이었다.

차선으로 택한 공대에서
피어난 꿈

이동대 상무는 대학에서 조선 공학을 전공하고 조선소에 입사했다. 그는 어릴 때부터 무언가를 만드는 것을 즐겼다.

"소나무 껍질을 벗겨 배를 만들면 잘 뜬다는 것을 알고 있었어요. 나막신의 굽을 빼고 배를 만들어 띄우기도 했죠."

하지만 취미 삼아 하던 배 만들기가 직업으로 연결될 줄은 몰랐다. 달리기를 잘해 고등학교 3학년 초까지만 해도 사범대학에 진학해 체육 교사가 되려고 했다. 일곱 살 때 아버지가 세상을 떠나 홀어머니 밑에서 사 남매의 장남으로 자란 그였다. 사범대학은 돈을 낼 필요가 거의 없었고 빨리 졸업해 돈을 벌어야 한다는 생각에 지원을 결심했다. 하지만 고등학교 3학년 때 발목을 다쳐 체육대회에 출전하지 못했고, 결국 체육교육과 진학은 포기해야 했다. 갑자기 진로를 바꿔야 하는 상황이었다.

"운동으로 대학에 갈 수 없다니 차선으로 진로를 공과대학으로 변경했습니다."

그는 어릴 때부터 수학과 물리학을 좋아해 고등학교도 이과로 진학했다. 고3 여름방학 때 부산대학교 공과대학에 다니는 선배가 모교에 왔다. 그는 막연하게 조선공학과 항공우주공학에 관심이 많았는데, 조선공학과에 대해 들으니 귀가 솔깃해졌다. 당시 국내 조선 업체는 한진중공업의 전신인 대한조선공사 한 곳밖에 없었다. 국가에서 '조선 입국'을 내걸고 지원하기 시작했으니 발전 가능성이 있다고 봤다.

"제가 갈 곳은 그곳밖에 없다고 여겼죠. 조선공학과에 진학해 취업도 이쪽으로 했어요."

대학에서 조선 공학을 전공한 뒤 배를 설계하겠다는 신념으로 신생 회사인 현대중공업에 입사했다. 처음 배정된 곳은 그가 원하던 조선 설계부였다. 그는 '조선 입국'을 하겠다는 당찬 포부로 첫 출근을 했다.

"조선공학과 출신이니 원하는 배를 설계하겠다는 야심 찬 포부가 있었죠. 그런데……."

조선공학과 출신의 석·박사들도 많은 곳에서 학사 출신은 평범한 설계 인력일 뿐이었다. 그의 표현을 빌리자면 신입 사원 시절의 이동대는 '원 오브 뎀(One of Them)'에 불과했다고 한다. 하지만 마음가짐만은 절대 평범하지 않았다.

"저는 이곳을 한 번도 '우리 회사'라고 부르지 않았어요. '내 회사'라고 하죠. 또 제가 설계하거나 제작에 참여한 배는 선주에게 인도해도 제가 설계했으니 '나의 배'라고 부릅니다. 자부심에 걸맞게 만들려면 더욱 노력해야죠."

시운전에서 돌아오니
책상이 사라지다

선체 설계부 8년차이던 1985년, 조선소에서 만든 배를 선주에게 인도하기 직전 문제가 발견됐다. 시운전하는 도중 급회전할 경우, 선체 떨림 현상이 발생하는데 이때마다 엘리베이터가 멈춰 섰다. 선체 진동을 감소시키기 위해 여러 방법으로 선체를 보강해도 바로잡을 수가 없었다. 외국 선주는 난리가 났다. 정해진 날짜에 배를 인도받아 화물을 오스트레일리아에서 실어야 하는데, 엘리베이터 문제로 인도 날짜가 지연되고 있었던 것이다. 8년차 직원 이동대는 현장에 있다가 고장 난 엘리베이터를 수리하는 현장 기사들의 불평을 들었다.

"아이 참, 배에 육상용 엘리베이터를 달아 애를 먹이네."

엘리베이터 업무는 그의 소관이 아니었지만 물었다.

"그럼 해상용 엘리베이터가 따로 있다는 말입니까?"

그는 인근의 다른 선박에 가서 엘리베이터 천장을 열고 올라가 봤다. 해상 전용 엘리베이터 레일은 기차 레일처럼 튼튼한 'ㅗ'자 모양인데 새로 건조된 배는 레일이 'I'자 모양이었다. 또 레일과 엘리베이터를 연결하는 방식도 해상 전용 엘리베이터는 용접 구조인데 반해 조금 전 그 배는 볼트를 이용한 점도 달랐다. 이 때문에 선박이 급회전으로 운행하자 선체에 떨림 현상이 일어나 볼트가 풀려서 엘리베이터가 고장 난 것이다. 선주의 추천으로 육상용 엘리베이터만 생산하던 외국 업체가 처음 생산한 해상용 엘리베이터를 사용한 것이었지만 책임을 따질 겨를이 없었다. 그는 작은 골재를 잘라 레일을 보강하고 볼트가 풀리지 않게 용접하도록 지시했다. 다음 날 시운전을 해보니 아무리 심한 급회전을 해도 엘리베이터는 정상적으로 작동했다. 배는 바다에서 시운전한 직후 곧바로 인도돼 출항했고 그는 시운전에 참여하다 바다 위에서 작은 통선에 옮겨 타고 회사로 돌아왔다.

"사무실에 오니 제 책상이 사라져 있었습니다. 당황해서 동료들에게 제 책상이 어디 갔는지 물었어요. 그날부로 제가 기본 설계실로 발령이 났다는 거예요."

세부적인 부분을 설계하는 선체 설계부에서 배 전체를 설계하는 기본 설계부로 옮기게 된 것이다. 이는 선박 설계의 핵심 부서이다. 입사 8년차에 선박 설계의 일인자로 도약하는 큰 계기가 됐다.

앞뒤가 바뀐 선박을
바로 잡다

기억에 남는 또 다른 일화가 있다. 2005년에 있었던 일이다. 부유식 원유 생산저장시설(FPSO)은 바다 위에서 원유를 시추해 저장하는 시설로, 떠다니는 거대한 원유 생산 공장이다. 설계에만 평균 1년이 걸릴 정도로 구조가 복잡하지만 그만큼 부가가치가 높고 수익률이 높다. 이동대 상무는 회사가 수주한 부유식 원유 저장시설을 설계하기 위해 선주사가 의뢰한 초기 도면을 봤는데 뭔가 이상했다. 설계자들은 선주사가 제공하는 초기 단계 도면인 '피드 도면'을 토대로 세부 설계를 시작한다. 그가 보기에는 선박의 앞뒤 모양과 구조가 바뀌어 있었다. 자동차로 치면 트렁크와 접한 뒷부분에 핸들이 있고 앞부분에 배기구가 달린 모양새였다.

"선주 회사에 앞뒤 구조가 바뀌었다고 통보했습니다. 하지만 그럴리가 없다며 초기 도면이 프랑스선급협회 규정을 통과했으니 그대로 설계하라는 거예요"

초기 도면대로 설계하면 선박에 문제가 나타날 것이고 발견할 즈음에는 납기일을 맞추기 힘들 것이 불 보듯 뻔했다. 설계자는 고민에 빠졌다. 넉 달 뒤, 선주 회사와 선급협회 관계자들이 얼굴이 사색이 된 채 달려왔다.

"선급 회사의 컴퓨터로 유체해석을 시뮬레이션한 결과가 이제 나왔는데 당신 말이 옳았습니다. 이 시점에 해결책이 있을까요?"

이 상무는 숨겨 둔 내부 설계용 계산서를 내밀었다. 고생했던 것을 생각하면 며칠 뒤 해법을 알려 줄까 하는 마음도 들었지만 그럴 만한 시간적인 여유가 없었다.

"당신들 선급 규칙도 따르고 제 이론도 따르고, 양쪽 기준을 만족시키느라 강재가 더 사용되었으니 300톤 값만 추가로 내세요."

넉 달 전 그가 선택한 방법은 선급 규정에 따라 선수를 기준점으로 구조 강도를 만족시킴과 동시에 선미를 기준점으로 한 구조 강도 계산을 수행하여 양쪽 규정을 동시에 만족시키는 설계였다.

"모든 역학 계산(구조물이나 기계 설계에서 물체 간에 작용하는 힘과 운동 관계를 따지는 계산)을 두 번 한 거죠. 한 번은 선주와 선급이 요구한 초기 도면에 맞춰 설계하고 나머지는 앞뒤를 바꿔 설계하는 것으로 동시에 진행했습니다. 부유식 원유 생산저장시설은 설계하는 데 반년 이상 걸리니까 마감 기한 안에 선박 제작을 끝내려면 어쩔 수 없었죠. 선주사와 선급협회 감독관들은 제가 보여 준 설계 도면이 양쪽 규정을 다 만족시킨다는 말을 듣고는 하느님이라도 만난 표정이었죠."

현대 조선업의 출발지인 유럽 기술자들은 한국의 기술자를 다시 보게 됐고, 한국의 조선 업체에도 무한한 신뢰를 보냈다.

"자신들이 몰랐던 것을 어떻게 알아냈느냐며 비법을 묻더군요. 저는 그저 기술자로서 기본 역학에 충실해 설계하려고 노력합니다."

필자도 두 장의 초기 도면을 비교해 봤다. 선급협회 기술자들도 몰랐던 만큼 비전문가인 필자가 보기에는 큰 차이가 없었다.

"한마디로 배의 모양과 역학적인 구조가 반대로 돼 있었어요."

일반적으로 배는 선수 쪽에 부력이 생기지만 선미 쪽은 프로펠러 뒤쪽이 들려 있어서 부력이 거의 생기지 않는다. 설계자는 선수를 기준점으로 역학 계산을 수행한다. 그런데 그가 받은 초기 도면 속의 배는 말하자면 선수에 부력이 생기지 않고 선미를 기준점으로 역학 계산을 해서 설계하도록 구조가 뒤바뀌어 있었던 것이다.

이동대 상무는 혹시나 해서 그 배가 장차 원유를 시추하게 될 바다 상황까지 확인하고 확신을 굳혔다. 그 시설이 들어설 곳은 파도가 대서양에서 아프리카 쪽으로 치기 때문에 이를 대비해 설비해야 하는데, 파도에 대한 대비가 배의 모양과 반대로 되어 있었던 것이다.

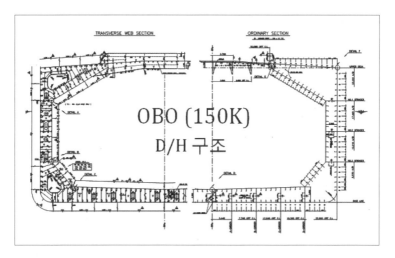

원유, 벌크, 철광석을 운반하는 겸용선(15만 톤)의 이중선체 단면 골격 구조

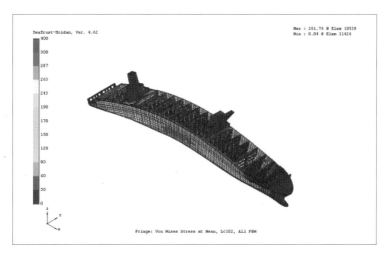

3차원 모델을 이용한 초대형 컨테이너선의 구조 안정성 평가

조선 공학자가 되려면
기본기에 충실하라

1985년 선체 설계부에 있을 때 업무가 늘어나면서 한 개 과를 신설해 그가 이끈 적이 있다. 기존 과에서 직원들을 차출해 만든 팀이어서 아무래도 일을 잘하는 사람보다는 인사고과가 낮은 사람들이 모였다. 열다섯 명이 모여 프로젝트를 맡았다.

"저부터 솔선수범하고, 의기투합했어요. 다른 팀보다 인력이 없어도 해외 출장이나 연수를 보내고 그만큼 나머지 사람들이 더욱 열심히 하는 식으로 일했죠. 공정 개선과 품질 평가 제도에서 우리 팀이 1년에 4번 중 3번 1등을 차지했어요. 해병대 전우회를 비유해 '5과 전우회'라는 말이 나올 정도였죠."

배 만드는 일은 뛰어난 사람이 아니라 보통의 자질을 가진 사람들이 손발 맞춰서 하면 잘된다고 그는 거듭 강조했다.

"배는 보통 사람들이 의기투합해 만들면 됩니다. 알면 상식, 모르면 기적이죠. 모든 것은 정답이 있고, 고등학교까지 배운 역학 지식만 갖고도 해결책이 나옵니다."

그는 공학자의 자질로 기본기를 강조했다. 대학에서 조선 공학을 전공했지만 고등학교 때까지 배운 수학과 물리학만 제대로 이해해도 공학도가 되기에 충분하다고 말한다.

"요즘 입사하려는 친구들 중에 기본이 안 된 경우가 많아요. 과학이라면 중·고등학교에서 배우는 에너지, 힘, 속도 등 역학의 기본 원리와 수학 미적분을 알아야 하죠. 회사는 역학을 가르칠 여유가 없으니 기본기가 잘된 사람을 뽑습니다. 기본기가 없다면 토익 900점을 맞아도 소용 없어요."

그는 다른 사람보다 호기심이 강했고, 문제를 만나면 반드시 풀어야만 만족하는 스타일이었다.

"남들은 저 보고 '워커홀릭'이라고 하는데 아이들이 게임하느라 밤 새우는 것처럼 저에게는 배 만드는 일이 취미 활동입니다. 저는 일을 하기 위해서가 아니라 새로운 문제를 풀기 위해 회사에 옵니다. 궁금한 것, 안 풀리는 것이 있으면 성에 안 차요. 현장에 가서 구조를 살펴보고 모르면 도서관이나 서점에 가서 책을 찾아보기도 하죠."

정리하자면 공학도로서 성공하려면 기본기와 호기심, 실천력이 있어야 한다.

"이 분야에서는 기본 원리를 제대로 아는 사람이 성공합니다. 기본적으로 물리 현상에 대해 호기심과 관찰력이 있어야 합니다. 일을 하려면 실천력도 있어야 하죠. 생각만 하고 노력하지 않으면 공상에 불과해 현실에서 이룰 수가 없으니까요."

되돌아간다면
우주 항공 분야로

이동대 상무는 대학만 나온 학사 출신으로, 조선 설계 분야의 일인자가 됐다. 지금은 현업과 더불어 조선선박구조협회 등에서 박사와 교수들을 상대로 강의도 한다. 그에게 다시 고등학생으로 돌아간다면 선박 설계를 할 것인지 물었더니 고개를 저었다.

"저는 배 만드는 것을 좋아해서 이 분야로 왔지만 그때 만약 우주 항공 분야가 있었다면 그곳으로 갔을 거예요. 제가 고등학교 때만 해도 항공 우주는 우리나라에서 시작도 안 한 분야였고, 50년 뒤에야 발전이 가능할 것 같아서 조선 공학 분야로 갔고, 거기서 운 좋게도 세계 1위가 되는 과정에 참여하게 됐죠. 하지만 지금 다시 고등학생이 된다면 항공 우주 분야가 시작하는 단계이니 개척자가 되는 것도 재미있을 것 같아요. 조선업도 좋고 항공 우주도 좋으니 젊은이들이 미래를 보고 도전하면 좋겠어요."

에디슨이 19세기 미국이 아니라 21세기 대한민국에 태어나 조선 공학자가 됐다면 바로 이동대 상무처럼 일하지 않았을까 싶다. 혁신을 좋아하는 과학자가 바로 공학도, 엔지니어이다.

Tip1. 조선 공학자가 되려면?

조선 공학자는 해양 구조물을 연구하고, 선박 구조물을 설계하거나 설치하고, 선박 생산 과정의 기술을 개발하며, 선체의 각 부분을 검사하고 수선 여부를 판단하는 일을 한다. 조선 업체와 선박 제조 업체, 기계 연구소, 국방 연구소 등 연구소와 선박·기계 제조업체에 채용될 수 있다.

대학교의 조선공학과(기계공학과, 조선공학과)를 비롯해 관련 학과를 졸업해야 한다. 연구소에서는 석사 이상의 학위를 요구하기도 한다.

선박의 개발과 설계, 설치에 대한 공학적 원리와 개념에 대한 이해가 자질로 요구된다. 탐구 정신과 호기심, 창의성과 문제 해결을 위한 논리적 사고와 분석력, 판단력이 필요하다. 다른 기술자와 협력하여 일하는 경우가 많아 원만한 대인관계와 협조심도 있으면 유리하다.

Tip2. 종사자 수와 연봉

한국직업능력개발원에 따르면 조선 공학 기술자가 포함된 기계 공학 기술자와 연구원의 종사자 수는 10만 700명이며 이 가운데 임금 근로자는 9만 5600명(95퍼센트)이다. 성비는 남성이 95.9퍼센트, 여성이 4.1퍼센트이며, 평균 연령은 36.7세다. 전체적으로 평균 학력은 15.8년, 평균 계속 근로 연수는 7.1년이다. 기계 공학 기술자와 연구원의 월평균 수입은 335만 원으로 나타났다.

국제기구 전문가
남상민

1967년 경북 울진에서 태어나 인하대학교 회계학과를 졸업했다. 호주 멜버른대학에서 '국제환경 협력' 분야 논문으로 박사 학위를 받고, 2005년 유엔 아시아태평양 경제사회위원회(UN ESCAP) 환경 담당관으로 입문해, 2013년 선임 환경 담당관 겸 동북아사무소 부대표가 됐다. 앞서 1989년 울진 반핵운동 청년협의회를 조직하고, 1993년부터 녹색연합 상근 활동가로 일했으며, 1996년 태국 출라룽콘대학 객원 연구원, 2003년부터 2005년 2월까지 한양대 연구 교수를 역임했다.

"

이력서만 보면 모든 것이 맞아떨어지게 살아온 것 같지만 실패를 많이 했어

요. 하나의 길이 막히면 다른 길로 가고, 그 길이 막히면 또 다른 길을 선택

했죠. 중요한 것은 실패했을 때 좌절하지 않고 어떤 기회가 오든 그 기회를

적극적으로 활용하는 거예요.

"

"생각하는 대로 살지 않으면 사는 대로 생각하게 된다."

유엔에서 일하는 남상민 선임 환경 담당관이 살아온 과정을 보면서 떠오른 말이다. 경북 울진의 가난한 농부의 아들로 태어난 그는 반핵 운동가를 거쳐 세계의 정부로 불리는 유엔의 선임 환경 담당관이 됐다. 그는 인천에 있는 유엔 아시아태평양 경제사회위원회(UN ESCAP, 에스캅) 동북아사무소에서 부대표로 일한다. 사무실 직원은 모두 열일곱 명인데 국적은 한국부터 미국, 영국, 일본, 태국, 수리남, 호주 등으로 다양하다. 전문직 가운데는 그가 유일한 한국인이다. 글로벌 시대라고 하지만 이렇게 국적이 다양한 사무실은 다국적 기업에서도 찾아보기 힘들다. 오직 국제기구에서만 볼 수 있는 풍경이다.

유엔을 무대로 드라마를 만든다면 이런 사람이 주인공이 되어야 하지 않을까 싶다. 남상민 담당관은 밑바닥에서 출발했고, 꽉 막힌 듯한 막다른 길도 수차례 만났다. 아슬아슬하게 난관을 헤쳐 나가기를 반복한 결과, 지금은 유엔의 고위급 책임자로서 꿈꾸던 인생을 살고 있다.

"이력서만 보면 모든 것이 맞아떨어지게 살아온 것 같지만 사실은 실패를 많이 했어요. 하나의 길이 막히면 다른 길로 가고, 그 길이 막히면 또 다른 길을 선택했죠. 중요한 것은 실패했을 때 좌절하지 않고 어떤 기회가 오든 그 기회를 적극적으로 활용하는 거예요."

남상민 담당관이 돋보이는 점은 선택의 갈림길에서 상황에 구속되지 않고 자신의 가치에 따라 인생을 살아왔다는 점이다. 외국에서 석·박사를 공부했으니 해외파라고 할 수 있지만 집안의 도움을 받은 것은 아니다. 그는 비정부기구(NGO) 출신의 환경 운동가에서 유엔 사무국 전문직으로 진출한 경우다.

그의 특기 가운데 하나가 끈을 놓지 않는 것이다. 학연과 지연 등 후광에 기대는 것이 아니라 하나의 기회를 다음 기회로 이어가는 끈기, 즉 '지속적 열정'이 오늘날의 그를 만들어 냈다.

남북 최초 환경 회의를
기획한 28세 청년

1995년 10월 방콕에서의 경험은 그의 인생에 중요한 전환점이 되었다. 당시 방콕에서 '남북한 환경 협력 회의'가 열렸을 때 남상민도 참가했다. 언론들은 반세기 만에 두 개의 코리아가

환경을 매개로 만났다며 대서특필했다. 민간 차원에서 주최한 이 행사는 민간과 정부 통틀어서 열린 첫 번째 남북한 회의였다. 김대중 정부가 남북 정상회담을 연 것이 5년 뒤인 2000년이니, 그 의미가 컸다. 남북한 첫 환경 회의 기획을 주도한 사람은 놀랍게도 당시 28세 연구원이었던 남상민이다.

"남북 환경 회의가 정부와 민간 차원에서 다양하게 시도되었는데, 처음으로 성사되어 언론의 주목을 받았습니다."

그는 대학을 졸업한 후, 나중에 녹색연합이 된 배달환경연구소로 향했다. 이 단체에서 당시 3년차 활동가로 환경 회의를 주도한 것이다. 남북한 최초의 환경 회의는 이보다 9개월 전, 이 청년이 미국에 간 것에서 비롯되었다.

남상민은 환경 단체 실무자로서 그해 1월 미국 뉴욕에서 열린 핵물질 회의에 참석했다. 친구를 만나고 돌아오는 길에 버클리시의 노틸러스연구소에 들렀다. 작은 연구소였지만 소장이 '북한 환경문제 보고서'를 처음 작성한 전문가여서 꼭 만나 보고 싶었기 때문이다. 그는 소장과 이야기를 하면서 남북 환경문제 협력의 필요성에 공감대를 나누었다. 결국 소장은 그가 추진하면 북한과의 회의를 주선하겠다며 남북 회의 개최를 함께 기획하기로 약속했다.

그리고 9개월 뒤 '동남아·동북아 환경문제 회의'라는 이름으로 사실상 남북한 첫 회의가 방콕에서 열렸다. 북한이 거부감을 느끼지 않도록 표면상 다자간 회의로 진행됐지만 남한에서 여덟 명, 북한에서 다섯 명이 참석하고 나머지 국가에서는 한 명씩 참석해 언론들도 '첫 남북한 환경 회의'라고 보도했다.

"남북한이 특정 안건을 가지고 머리를 맞댄 것이 처음이어서 많은 주목을 받았습니다. 개인적으로도 제 인생에서 이 회의가 전환점이 됐습니다. 다음 해 태국 방콕의 대학에 객원 연구원으로 가게 됐으니까요. 반년 동안 방콕에서 체류하면서 아시아 환경문제로 관심을 넓혀 다시 호주로 유학을 가게 됐고, 결국 유엔에도 입문하게 됐습니다."

환경문제에
눈뜨다

20년 전 경북 울진의 고등학생 남상민은 인천에 있는 인하대학에 진학했다. 전공은 회계학과였다. 취업이 잘된다며 담임 선생님이 추천했다. 부모는 농부였고, 초등학교 때도 전기가 들어오지 않는 산골 외딴집에서 살았다. 장차 태국과 호주를 거쳐 세계의 정부라는 유엔 사무국의 직원이 된다는 것은 자신도 상상하지 못했다.

세계에 대한 막연한 관심은 있었다. 다니던 고등학교는 이과와 문과, 축산과 임업, 농업 등 다섯 개 반으로 구성된 종합고등학교였다. 그는 인원 비율 때문에 이과 반에 배정되었지만 문과 과목을 독학으로 공부했다. 세계사와 인문지리, 국토지리 등을 공부하기를 좋아했다.

대학교 2학년 때 신부가 될까 하고 고향에 내려왔다. 1년의 휴학 기간에 그는 새로운 관심 분야에 눈 뜨게 된다. 신부님의 태도를 보면서 진로가 명확해졌다.

"신부님께서 제 말에 전혀 관심을 보이지 않았어요. 신부가 되겠다고 휴학까지 하고 내려왔는데, 제 방향이 아닌 것 같아 포기했어요. 그 대신 고향 울진이 취약지역이어서 방위병으로 복무했는데, 마침 그때 울진 원자력발전소가 가동을 시작했어요."

원자력발전소는 마을 안이 아니라 10킬로미터나 떨어진 곳에 있었다. 당시 원전 문제는 일반적인 20대의 관심사가 아니었다. 하지만 환경문제에 눈 뜨기 시작한 그에게는 이 문제가 중요하게 다가왔다.

"대학 2학년 때 시위하다 유치장에 수감돼 책을 읽으며 어떻게 살까 고민했어요. 톨스토이가 생명과 평화에 대해 쓴 수필집에 큰 영향을 받았어요. 그해 초에 읽은 피터 싱어 교수의 『동물 해방론』은 인간 중심적 세계관에 대해 큰 고민을 하게 했고요."

청년 남상민은 시민단체 환경운동연합의 전신인 공해문제연구소에 회원으로 가입해 본격적으로 공부하기 시작했다.

"신문 사설에서 울진 원자력발전소가 가동될 때 국제적으로 권고된 안전 지침을 지키지 않았다는 보도를 봤습니다. '무슨 일이지?' 하면서 공해문제연구소에 연락해 자료를 모았고, 신문에도 이 문제에 대해 기고했죠."

고향에서는 '반핵운동 청년협의회'를 조직해 회장으로 활동했다. 반핵·환경 운동가로 에너지를 쏟는 사이, 대학 졸업식이 다가왔다. 환경에 대한 관심은 접어 두고 돈을 벌기 위해 취직하기로 결심했다. 더 이상 시골에서 농사짓는 부모에게 손을 내밀 수는 없었다. 대학을 졸업하던 1993년, 그는 두 곳으로부터 합격 통지서를 받았다. 환경문제를 다루는 연구소와 일반 기업체였는데 출근 날짜가 동일했다.

"오. 남매의 장남이었고 집안을 보살펴야 한다는 압박감도 있었어요. 부모님께 상의했더니 돈보다 하고 싶은 것을 하라고 말씀하셨어요. 그래서 녹색연합의 전신인 배달환경연구소에 연구원으로 가게 됐죠. 부모님은 허락하셨지만 친척들에게는 욕 많이 먹었습니다. 부모가 농사지어 뼈 빠지게 고생해 힘들게 대학 보내 줬으면 이제 돈을 벌어야 하는 게 아닌가 하고요. 당시 사무실이 대전에 있었는데, 월세 보증금 100만 원도 없어 친구에게 빌렸어요."

결핍은 나를 움직이는
원동력

그의 특별한 점은 궁핍한 생활을 하면서도 가치 있는 것을 포기하지 않았다는 점이다. 앞서 말한 남북한 환경 회의가 인연이 되어 방콕의 한 대학에서 반년 동안 연구를 하기로 했다. 방법을 찾다 보니 시민운동기금 500만 원을 지원받을 수 있게 됐다. 매달 베트남, 말레이시아, 태국 등 주변국을 다니며 남들 보기에는 여행까지 하는 호사를 누렸다.

"생활비가 없어 아르바이트를 했어요. 주변 국가를 좀 다니고 싶은데 돈이 없어서, 아르바이트 수단으로 찾은 것이 주간지 기고였죠."

그는 생계를 위해 주간지 《한겨레 21》의 통신원으로 활동하기 시

작했다. 한 달에 한 번 동남아시아의 각 나라를 돌면서 취재하고 원고
료를 받았다. 베트남에서는 사회주의 해체 이후 협동농장 실태, 말레
이시아에서는 미쓰비시 자회사 공장 인근 주민들의 백혈병 발생 문
제, 태국에서는 슬럼가 문제 등을 취재하는 식이었다.

"돈이 없어 시작한 일이었지만 결과적으로 큰 도움이 됐습니다. 각
나라에서 벌어지는 이슈에 대해 집중적으로 공부해서 현장에 가서
취재하고 원고로 정리했죠. 그 과정이 세상을 이해하는 데 도움이 됐
습니다."

이를 계기로 아시아의 환경문제에 대해 본격적으로 공부해야겠다
고 생각하게 됐다. 그는 다음 해인 1997년 호주로 유학을 떠난다. 이
때도 무일푼이기는 마찬가지였지만 유학 준비부터 해 놓고 돈을 마
련하는 방식이었다. 지인들이 모아 준 자금이 1년 치 학비가 되자 그
는 호주로 떠날 수 있었다.

"서울 주재 독일 대사관의 부대사님이 저에게 1000만 원을 장학금
으로 주셨어요. 나중에 잘되면 다른 사람들을 다시 도와주라는 조건
이었어요. 호주에서 사귄 한 친구는 1000달러를 선뜻 빌려줬어요. 몇
년 뒤 갚으려고 찾아갔더니 1년 안에 못 갚으면 갚지 않는다는 내용
으로 제가 서명했던 차용증을 들이밀더군요. 경제적으로 보면 배수진
을 치듯 아슬아슬하게 살아왔어요."

그가 호주국립대학에서 택한 전공은 '환경과 개발' 분야. 영어로 말
하는 실력은 뒤졌지만 글쓰기에는 자신 있었다. 서울에서 환경 단체
에서 일할 때 자료를 찾기 위해 휴일마다 영국 문화원을 방문해 원서

를 뒤적였던 것이 큰 효과를 발휘했다.

호주에서도 주간지 통신원 아르바이트는 계속했다. 기사를 기고한 경험은 나중에 논문을 쓰는 데도 많은 도움이 됐다. 하지만 대학원 1년 차가 끝날 무렵 지원받은 돈이 모두 떨어졌다. 결국 수료증만 받고 귀국해야 했다. 다행히 1년차 성적이 우수해 반년 뒤 전액 장학금으로 멜버른대학에서 박사 과정을 시작하게 되었다.

"후배들에게도 현재 조건에 구속되지 말라고 합니다. 저는 '결핍'이 동기 유발에 중요하다고 봅니다. 돈을 벌기 위해 주간지에 기고하면서 세상에 대해 이해했어요. 초등학교 때 전기가 들어오지 않은 덕분에 텔레비전 대신 책을 많이 보게 됐고, 아시아·태평양 지역에 집에 전기가 들어오지 않는 가구원이 여전히 9억 명이 되는데 유엔에서 이들을 위해 일할 때 공감할 수 있었습니다. 또 대학 전공이 회계학이어서 환경 분야에 대한 지식이 부족하다고 느끼고, 모자라는 부분을 채우려고 노력했어요. '결핍'을 자기 계발의 동력으로 삼으려고 노력하면 결과가 좋던데요. 결핍이 유일하게 나쁜 경우라면, 집안에 머리카락 빠지는 사람이 아무도 없는데 유독 저만 머리카락이 빠져 걱정이긴 합니다. 하하."

환경을 좇다 보니
유엔 환경 담당관으로

호주에서 박사 학위를 받고 귀국하니 그의 나이

는 35세. 집을 구할 보증금도 없었던 그는 '결핍'에서 벗어나기 위해 다양한 일자리를 알아봤다. 가장 먼저 관심을 둔 곳은 유엔 등 국제기구였다.

"방콕에서 공부할 때 자료를 찾기 위해 유엔 아시아태평양 경제사회위원회 환경국에 두어 번 들렀어요. 얘기하다 보니 직원들이 유엔에서 일할 생각이 없느냐고 묻더군요. 그때부터 막연히 관심이 생겼어요. 이런 곳에서 일하면 좋겠다는 생각에 유엔 사무국과 산하 국제기구부터 모집 공고를 찾아봤어요."

결과는 독자들이 예상한 대로다. 쉽게 성공하면 주인공이 아니다.

"도전조차 못했어요. 자격 조건이 되지 않아 지원서를 낼 필요가 없었거든요."

국제기구 초급 전문가(JPO)는 32세 이하만 선발되는데 그의 나이는 이미 만 35세였다. 그렇다고 경력 전문직으로 가기에는 실무 경력이 부족했다.

기회는 포기하지 않고 준비하는 자에게 오는 법. 기회는 생각보다 빨리 찾아왔다. 그는 그동안 한양대학교에서 연구 교수로 일하며 경력을 쌓았다. 3년 뒤인 2005년, '아시아태평양 환경·개발 장관회의'가 때마침 서울에서 열렸다. 주관 기관인 유엔 아시아태평양 경제사회위원회에서는 '녹색 성장'을 주제로 보고서를 쓸 사람을 수소문했다. 남상민 박사는 지구 환경 협력, 환경 개발론을 강의해 왔고, 대통령 자문기관인 지속가능발전위원회에서 전문위원으로 활동했기에 이 일에 적임자였다. 결국 그는 겨울 방학 기간에 에스캅 컨설턴트로 가서 보고서 작성을 맡기로 했다.

그때쯤 에스캅에서 환경 분야 '전문 경력직'을 뽑는다는 공고가 떴다. 그는 곧바로 지원했다. 그는 정부 기관의 과장급에 해당하는 유엔의 P4직급 환경 담당관에 지원해 당당히 합격했다. 자격 조건이 석사 학위와 실무 경력 7년이었는데 그가 대학에서 근무한 기간을 합치니 자격 요건이 맞아떨어졌다.

"저의 박사 논문이 '국제 환경 협력'이어서 채용 분야와 관련이 있었어요. 하지만 다양한 경험이 더욱 도움이 됐습니다. 녹색연합에서 5년 이상 활동했고, 대학에서 학자로 2년 이상 일했고, 방콕과 호주에 유학 가서도 현지 통신원으로 사실상 언론인으로 활동했고, 대통령 자문 지속가능발전위원회 등에서 정부와도 일한 경력이 있고……. 저처럼 다채로운 경험을 한 사람이 드물었습니다. 환경과 관련된 비정부기구 출신으로 유엔에 들어온 한국인으로는 당시로선 제가 유일했죠."

방콕에서 유엔에 대해 관심을 두고 목표로 삼은 지 9년 만의 일이었다. '환경'이라는 가치를 좇아 울진에서 해외로 좌충우돌 살아온 것처럼 보였던 삶이 한 점으로 수렴되는 순간이었다. 막힐 때마다 돌아왔던 길은 성공을 향한 디딤돌로 평가받았다. 그는 '일관되게 노력한, 뚝심 있는 환경 전문가'로 불리고 있었다.

각 정부의 협력을 이끌어 내는
에스캅

시민 단체 활동가에서 학자로, 다시 유엔 담당관으로 변신했지만 그 가운데는 항상 '환경'이라는 공통점이 있었다. 환경에 대한 일관된 관심이 직업으로 이어졌고, 남상민을 국제적인 전문가로 만들어 주었다.

그는 2005년부터 5년 동안 에스캅의 환경 담당관으로 부임해 본부가 있는 방콕에서 일했고, 2010년 동북아사무소가 인천에 개소한 뒤부터 인천으로 옮겨와 2013년부터는 선임 환경 담당관 겸 동북아사무소 부대표로 일하고 있다.

그가 하는 일은 동북아시아의 환경 협력 체제를 만드는 것이다. 러시아와 중국, 북한 접경 지역의 자연 보존을 위한 협력 체제, 동북아시아의 장거리 이동 대기오염 물질을 다루는 협력체, 몽고와 중국 접경 지역의 사막화 방지 사업을 위해 각국의 협력 체제를 구축하는 사업 등을 맡고 있다. 동북아 차원에서 기후변화 대응 프로그램을 짜는 것도 그의 일이다.

"한국은 '녹색 성장', 일본은 '저탄소 사회', 중국은 '녹색 개발'로 표현하는데 유엔에서는 각 정부의 공통 의제를 발굴하고 협력 과제를 논의합니다. 기후변화에 대응하려면 어떤 정책이 좋은지 그 정보를 알려 주고 공유하도록 하는 것이 저의 역할입니다."

그가 한 해 개최하는 국제회의는 평균 열 개 남짓. 자신이 직접 의제를 선정한 뒤 각국 외교부에 공문을 보내 정부 대표단 추천을 요청

우리는 인류 공동의 가치를 위해 일합니다.

종교, 문화, 성적 취향과 상관 없이 보편적 가치를 위해
일하고 다양성 존중을 위해 일하는 곳이 유엔입니다.

하고 회의에서 결론을 내도록 유도한다.

여러 국가의 협력이 필요하지만, 국가 간에 이해가 상충해 어려움을 겪기도 한다. 에스캅이 1996년 시작한 동북아 '월경성 대기오염 물질 방지 사업'이 대표적인 예다. 특정 국가의 공장에서 나온 대기오염 물질이 국경을 넘어 다른 나라로 넘어가니 모두 함께 협력해 개선하자는 구상이다. 그런데 중국 정부가 처음에는 '월경성 오염'이라는 표현이 자신들에게 불리하다며 민감하게 반응했다.

"하지만 국제사회가 협력해 화력발전소의 오염 물질을 저감하려고 노력한다면 가장 큰 수혜자는 당사국이 될 거라고 설득했어요. 결국 중국이 이를 받아들이면서 월경성 대기오염 물질에 관한 협력체를 만들기로 합의했습니다."

그는 북한의 환경 분야에 대한 보고서를 작성하고 환경 지원 사업도 담당한다. 현재 북한의 환경 개선을 위해 제3국에서 북한 전문가들을 초청해 교육하는 프로그램을 진행 중이다.

"유엔은 공동의 입장을 만들어 내는 데 기여하고, 저는 여기에 실무자로 관여합니다. 최근 아시아·태평양 지역에서 '녹색 경제'라는 말을 많이 합니다. 저탄소 문제 등 기후변화에 대응하기 위해 정책의 패러다임이 많이 변해 왔는데 그 과정에는 에스캅이 관여해 왔습니다. 큰 변화의 흐름을 지켜보고 관여할 수 있다는 것이 개인적으로 큰 행운이죠."

세계를 돌아다니는
직업인의 고충

남상민 담당관은 직업만큼 결혼도 국제적이다. 그의 부인은 한국인 어머니와 미국인 아버지 사이에서 태어난 한국계 미국인이다. 호주에 사는 한국인 박사 과정 학생과 미국에 사는 미국인 변호사는 중국에서 미래를 약속했다.

"'두만강 지역 개발 사업'과 관련된 국제회의에서 아내를 처음 만났어요. 저는 호주에서 박사 과정을 밟는 중에 두만강 지역의 환경문제를 알기 위해 왔고, 아내는 로스쿨을 졸업하고 경제개발 문제를 연구하려고 참석했어요. 첫인상도 좋았지만, 관심사가 일치하고 삶에 대한 가치관이 비슷해서 빨리 가까워질 수 있었습니다. 아내는 제가 채식주의와 양성평등, 환경 등에 관심 있는 한국 남성이라는 것이 뜻밖이어서 호감이 생겼다고 말하더군요."

박사 과정을 마치기 위해 호주로 되돌아간 그는 얼마 뒤 서울의 로펌에서 일하게 된 이 미국인 여성과 결혼했다. 결혼 후 1년 동안은 부인과 함께 호주에 살면서 아이도 낳았지만 이번에는 부인이 박사 과정을 밟기 위해 다시 미국으로 되돌아갔다. 이때 그는 에스캅의 본부가 있는 방콕에서 체류해 함께 살 수 없었다. 2008년 부인이 서울의 로스쿨 교수로 임용돼 옮겨 왔을 때도 그는 방콕에 있었다. 2010년 에스캅 동북아사무소가 중국과의 유치 경쟁 끝에 인천 송도에 문을 열면서, 이들 부부는 거의 10년 만에 함께 살게 됐다. 현재까지 15년의 결혼 생활 중 같은 나라에 체류한 기간이 6년에 불과하고, 이외의 기간에 부부가 만난 것은 평균 1년에 두 번이었다니, 글로벌판 '견우와 직녀'가 따로 없다.

국제기구 직원들은 바로 이런 부분을 단점으로 꼽는다. 대다수 국제기구 직원들은 가족과 함께 안정적으로 지내기가 힘들다. 유엔 사무국 직속 기관은 본부가 뉴욕이나 방콕 등 대도시에 있어 그나마 괜찮은 편이다. 남상민 담당관도 자신이 속한 에스캅이 유엔 사무국의 직속 기관이고 동북아사무소가 인천에 있어 운이 좋은 경우에 속한다. 하지만 유엔개발계획(UNDP)과 유니세프(UNICEF) 등은 전 세계 150여 개 국가에 있는 사무소를 3년마다 돌아다녀야 해서 생활이 불안정하다. 이런 국제기구는 주로 개발도상국에 많이 있어, 파견국에 배우자와 동반하기 어려운 직원들의 경우는 더욱 힘들어한다.

"국제기구 지원자들에게 먼저 해야 할 과제가 연애와 결혼이라고 농담 삼아 말해요. 실제 직원들 가운데 결혼 안 한 분들이 많고 이혼한 사람도 많습니다. 유엔 직원들끼리는 우리를 MBA 출신이라고 말합니다. 경영학 석사가 아니라 '결혼했지만 외롭다.(Married But Alone.)'라는 썰렁한 농담이죠. 가족들과 안정적으로 지내기 힘든 것이 이 직업의 가장 큰 단점입니다."

유엔 직원의 세 가지 덕목
:고결성, 전문성, 다양성 존중

또 다른 단점은 채용되기가 쉽지 않다는 것이다.

"UN에 'Employment(고용)'를 기대하면 'UNemployment(비고용)' 된다는 농담을 합니다. 고시처럼 사람을 주기적으로 뽑는 것이 아니라, 특정 자리가 비어야 채용하기 때문에 지망생들은 기다리기 힘들죠."

유엔의 직원은 8만 3300여 명(사무국은 3만 2400여 명)으로 각 국제기구에서 필요할 때마다 직원을 채용한다. 유엔 인사 통계에 따르면 유엔에 진출한 한국인은 2012년 말 기준 전문직이 245명, 행정직이 44명이다. 남상민 담당관이 속한 에스캅의 경우 전체 직원 600명 가운데 전문직은 200명인데, 이중 한국인은 10명에 불과하다.

국제기구에 진출하는 방법은 크게 초급 전문직(JPO/YPP)과 경력 전문직으로 나뉜다. 우선 YPP(Young Professionals Programme)를 통해서 32세 미만을 대상으로 초급 전문가를 채용하는데, 유엔 사무국의 경우 매년 국가별 경쟁 시험으로 합격자를 선발한다. JPO(Junior Professional Officer)를 통해서 각국 정부에서 초급 전문가를 선발해 국제기구에 1~2년 동안 파견하고 실무자로 채용하는 방식이다.

국제기구에서 가장 많은 비율을 차지하는 것은 경력 전문직이다. 바로 남상민 담당관처럼 경력을 쌓은 뒤 전문직으로 채용되는 경우다. 자격 요건은 전문성, 관련 분야 경력이다.

"전문성이 가장 중요합니다. 연구소에서 일하든 여행을 하든 일단 관심 분야를 파고들면서 전문성을 키워야 합니다. 특히 실무적인 경험이 뒷받침되어야 합니다. 연구원이라면 국책 연구소나 대학 연구소에서 국제적 쟁점들을 연구하다 들어오는 경우가 많아요. 일상적으로 두 나라 이상을 대상으로 일하기 때문에 국제적인 경험이 있으면 좋습니다. 경제, 사회, IT, 환경, 복지, 법률, 보건 등 관련 분야의 전문성이 바탕이 되어야 합니다."

국제적 마인드도 중요한 덕목이다. 유엔 직원의 세 가지 덕목이 고결성(Integrity), 전문성(Professionalism), 다양성 존중(Respecting Diversity)이다.

"유엔이 추구하는 가치도 그렇지만 직원들이 다국적이다 보니 다양성을 추구하는 것이 중요합니다. 반기문 사무총장님을 1년에 한두 번씩 뵙는데 30년 이상 한국에서 공직자로 일하면서 한국의 가치에 익숙한 분이지만, 유엔에 오신 뒤 인류의 보편적 가치를 강조하는 것을 봤습니다. 반 총장님이 한국 정부에 에이즈 보균자를 차별하지 못하도록 대통령에게 촉구하기도 했죠. 개인의 종교, 문화, 성적 취향과 상관없이 보편적 가치와 다양성 존중을 위해 일하는 곳이 유엔입니다. 지속가능한발전과 기후변화, 평화 등은 그나마 공개적으로 추구하기 쉬운 가치입니다. 성적 소수자의 인권 문제 등에도 관심을 가져야 합니다."

외국어 실력도 필요하다. 유엔 공용어는 영어와 프랑스어, 중국어, 러시아어, 아랍어, 스페인어 등 여섯 개나 되지만 '공용어'는 유엔 총회 등 공식 석상에서 동시통역해 주는 언어를 의미한다. 서류 작성에 사용하는 '실무 언어'는 영어와 프랑스어다. 사무실이 유엔개발계획(UNDP)처럼 유럽과 프랑스어권에 있다면 프랑스어 실력이 필요할 수 있다. 하지만 대부분 국가에서는 영어를 사용하므로 일상적인 일을 위해서는 영어만 확실히 하면 된다. 17명 직원의 국적이 10개에 가까운 동북아사무소에서도 영어로 의사소통한다.

국제기구에 국내파 진출이 활발해지는 추세지만, 아직은 외국에서 공부한 해외파가 좀 더 많다. 전문성을 살려 경력직으로 가는 경우가 많은데, 구직자 개인이 빈자리를 찾아 지원해야 한다.

인류 보편의 가치를 위해
일한다는 것

"막연히 국제기구에서 일하고 싶다는 생각보다는 분야를 미리 정하세요. 무역, 보건, 난민, 인권 등 분야를 정해서 필요한 경력과 전문성을 쌓고 여러 번 도전해 보는 거죠. 다만 어떤 직장이 아니라 직업의 영역에 집중했으면 합니다. 즉 '직장'을 목표로 하지 말고 '가치'를 우선시하라는 거죠. 인류 보편의 가치를 위해 일한다면 직장이 '유엔'이 될 수 있고 '국제적 엔지오'가 될 수도 있고 '정부의 외교관'이 될 수도 있죠. 목표를 유엔 등 국제기구에만 두지 않고 가치에 집중해서 준비한다면 목표를 이룰 가능성도 높아지고 마음에 여유도 생기죠."

국제적인 업무는 화려해 보이지만 사명감이 없으면 견디기 힘들다. "연봉이 높더라도 대부분의 직원들이 외국에서 생활해 생활비와 자녀 교육비가 많이 들어요. 국제적으로 출장을 다니지만 일상적인 생활의 폭은 좁아요. 저도 태국 본부에서 5년간 있었을 때 직장을 벗어나면 영어가 아니라 잘 모르는 태국어로 의사소통을 해야 해서 교류에 한계가 있다고 느꼈습니다. 이 같은 장애물을 극복하려면 국제적인 마인드와 사명감, 봉사 정신이 꼭 필요합니다."

가장 큰 보람은 '국제사회의 보편적인 가치'를 위해 일하는 것에서 오는 자부심이다. 각국 정부 대표들이 국제회의에서 결의안을 도출하기 위해 무엇을 논의할지, 어떤 일을 해야 할지 등에 대한 조정자 역할을 유엔이 맡는다.

"평화든 환경이든 우리는 인류의 공동 가치를 위해 일하는데 그런 직업이 많지는 않죠. 국제적 이슈에 관심이 있다면 본인의 관심사와 일을 연결할 수 있는 접합 지점을 찾을 수 있다는 점도 매력적입니다. 여러 국가의 공통분모를 찾아 그 속에서 의제를 제안하고 행동하도록 하는 것이 우리 일입니다."

요약하자면 유엔 등 국제기구에서 일하기 위해서는 특정 분야에 대한 전문성과 국제적 마인드, 봉사 정신과 외국어 실력이 필요하다.

조건에 자신을
가두지 마라

환경을 생각하고 큰 그림을 그렸더니 그게 곧 직업으로 연결됐다는 남상민 유엔 선임 환경 담당관. 그의 성공은 조급해하지 않는 여유와 일관성이 합쳐진 결과물이다. 그리고 그의 뒤에는 기다려 주는 부모가 있었다. 시골에서 농사짓던 부모는 대학 졸업한 장남이 번듯한 대기업이 아니라 환경 단체로 가고 싶어 할 때 이를 말리지 않았다. 남들과 다른 길이 '무모한' 선택이 될지 '대담한' 결말이 될지는 아무도 모른다. 출발은 비슷해 보이더라도 삶에 대한 진지함과 혼신의 힘을 다하는 과정은 사람마다 다를 것이고, 그것이 결과의 차이를 만든다.

"크게 불안하지 않았습니다. 돌이켜보면 인생을 아슬아슬하게 걸어왔어요. 돈이 없어 빌리기도 했고 학비를 후원받기도 하고 닥치는 대로 일도 했지요. 배수진을 치고 도움도 받고 되갚기도 했죠. 다만 진정성과 책임감을 갖고 일하면 사람들이 도와주더군요. 저는 '수처작주(隨處作主, 이르는 곳마다 주인이 되라.)'라는 말을 좋아합니다. 어디를 가든 하루를 있더라도 평생 있는 것처럼 하고, 평생을 있더라도 하루를 있는 것처럼 하려고 노력합니다. 진정성과 일관성, 책임감이 있으면 어느 정도는 인정받는 것 같아요."

그는 후배들에게 실패를 두려워하지 말라고 재차 강조한다.

"저는 젊은이들이 자신이 처한 조건에 스스로 구속되지 말았으면 합니다. 제가 4학년 말에 잡지사에 기자가 되려고 갔다가 최종 면접에서 떨어진 적이 있습니다. 이때는 실패했지만 언론사 시험을 준비한 것이 이후 주간지 기고 등에 많은 도움이 됐어요. 또 기자가 안 됐기 때문에 다른 것을 선택해야 했고, 결과적으로 제 인생의 폭이 넓어졌습니다.

저도 실패한 적이 여러 번 있어요. 인생에서 미래에 관한 선택을 할 때 과거의 경험을 토대로 선택하게 되잖아요? 그런데 인생의 한 모퉁

이를 돌면 오솔길이 신작로로 이어질지 절벽으로 연결될지는 아무도 몰라요. 중요한 것은 실패했을 때 좌절하지 않고, 어떤 기회가 오든 그 기회를 적극적으로 활용하는 것입니다."

Tip1. 유엔은 어떤 곳인가?

유엔에는 193개국이 가입해 있으며, 사무국과 산하 기구, 관련 기구 직원 수는 8만 3300여 명(사무국 직원은 3만 2400여 명)이다. 사무국과 35개 기구가 있으며 직원 규모가 큰 전문 기구는 유니세프(UNICEF), 유엔개발계획(UNDP), 유엔난민기구 (UNHCR), 세계보건기구(WHO) 등이다.

1. 유엔 사무국: 유엔 사무국은 유엔 사무총장이 직속 관리하는 기관이다. 본부는 뉴욕과 제네바에 있으며 지역 본부가 있다. 아시아태평양 경제사회위원회(ESCAP) 은 유엔 사무국 직속 기관이며, 본부는 방콕에 있고 4개 소지역 사무소와 5개 전문 연구 기관을 두고 있다. 동북아사무소는 인천 송도에 있다.

2. 유엔 산하 기구: 유엔 사무총장이 산하 기구 수장을 임명하지만 독립적으로 운영된다. 유엔개발계획(UNDP), 유엔환경계획(UNEP), 유니세프(UNICEF) 등이 여기에 포함된다.

3. 유엔 전문 기구: 수장을 자체적으로 선출하지만 사업 내용은 유엔 경제사회이 사회에 보고하게 돼 있다. 유네스코(UNESCO), 식량농업기구(FAO), 세계보건기구 (WHO), 세계은행(WB) 등이 있다.

4. 유엔 관련 기구: 유엔은 아니지만 협력 기구에 해당하며, 유엔 총회에 주요 내용을 보고한다. 국제원자력기구(IAEA), 국제무역기구(WTO) 등을 말한다.

Tip2. 유엔에서 일하려면?

8만 3300여 명의 유엔 직원은 행정직(5만 1700여 명)과 전문직(3만 1600여 명)으로 나뉘고 각 국제기구에서 필요할 때마다 직원을 채용한다. 2012년 말 기준으로 10명 이상의 한국인이 전문직으로 진출한 기구는 유엔 사무국(98명), 국제원자력기구(33명), 국제무역기구(17명), 유니세프(16명), 유네스코(13명), 유엔개발계획(12명)이 있다. 초급 전문가 시험(YPP/JPO) 선발 경쟁과 경력 전문직 등을 거치는 것이 일반적이다.

1. 경력 전문직: 전문직군에서 충원이 필요할 때마다 선발하는 방식으로, 채용 인원이 가장 많다. 대부분 석사 이상의 학력과 분야별 경력 등 전문성을 요구한다. 유엔에서는 프로페셔널을 뜻하는 이니셜 P로 직급을 5단계로 구분한다. 지원 기준은 P3은 관련 분야에서 최소 경력 5년 이상, P4는 최소 경력 7년 이상, P5는 최소 경력 10년 이상이 필요하다.

2. 초급 전문가 시험(JPO): 각국에서 32세 미만을 대상으로 초급 전문가를 선발하고 유엔 등 국제기구에 1~2년간 파견해 국제적 역량과 경험을 갖춘 전문 인력을 양성하는 제도이다. 한국 정부는 연간 15명을 선발해 정부 부담으로 파견한다. 파견을 완수한 지원자의 80퍼센트 정도가 국제기구에 채용된다. 외교통상부는 매년 초 채용 공고를 내고 상반기에 초급 전문가를 선발한다.

3. 유엔 사무국 공채 시험(YPP): 유엔 부담액에 비례해 직원 수가 적은 회원국을 대상으로 진행되는 공채 시험이다. 모집 분야는 경제, 법률, 사서, 출판, 라디오 프로듀서, 안전, 환경, 통계 등 매년 부서별 인력 수요에 따라 전문직을 채용한다. 응시부터 채용까지 평균 2년 이상 걸리며, 경력에 따라 P1이나 P2로 임용된다.

4. 국제기구 인턴십: 국제기구 인턴십을 거쳐 채용되는 경우도 있다. 대부분 대학원 재학생을 대상으로 하며, 2~6개월간의 무급 인턴십으로 운영된다.

Tip3. 연봉

근무지 수당과 근속 연수에 따라 차이가 있다. 만 32세 미만이 응시할 수 있는 초급 전문직 시험(JPO) 합격자는 약간의 경력만 있으면 P2로 시작하는데 연봉이 6000만 원 정도이다. P4의 경우 연봉이 1억에서 1억 5000만 원 정도다.

‘여행 고딩’, ‘여행 박사’ 대표가 되다

여행사 대표
주성진

1984년 인천에서 태어났다. 인천 대인고등학교 졸업 후 배재대학교 일본학과를 중퇴하고 2002년 만 18세로 여행사 ‘여행박사’에 입사, 11년 뒤 만 29세로 대표 이사에 선출됐다. 여행사 말단 사원에서 대표가 된 사람 가운데 나이, 승진 기간에서 유례가 드문 기록의 보유자이다.

" 어디 갈지 알아보면서 설레는 마음 때문에 누군가의 여행 준비를 도와주는 게 재미있었어요. 여행 준비를 좋아하다 보니 그게 일이 됐어요. "

인터뷰를 마치고 일어서는 필자에게 그는 다음 행선지가 어딘지 물어 왔다. 스마트폰으로 무언가를 검색하더니 10초 만에 마무리 멘트를 이어갔다.

"지금은 택시를 타도 막히는 시간이니 지하철로 가시죠. 100미터만 걸어가면 지하철역이 나옵니다. 그곳에서 2호선을 타고 사당역에서 환승한 뒤 다섯 개 정거장을 지나서 내리면 원하는 곳에 도착하시겠네요. 25분 정도 걸릴 겁니다."

어떤 인터뷰이도 이렇게 친절하게 다음 일정을 안내한 적은 없었다. 순간 웃음이 나올 뻔했다. 직업은 못 속이는 법. 여행사 대표로서 그의 직업 정신은 몸에 배어 생활화되어 있었다. 1억 원 인센티브를 받은 비결이 고객에 대한 '빠른 회신' 덕분이라던 말이 기억났다. 여행사 말단 사원에서 대표 이사가 된 주성진과의 만남은 강렬한 여운을 남겼다.

18세에 입사, 29세에
여행사 대표가 되다

이곳은 서울 용산구에 있는 '여행박사' 본사. 2000년에 창업한 이 여행사는 일본을 중심으로 한 자유 여행을 특화하면서 연간 수탁고(여행업의 총매출 개념) 약 2000억 원을 기록하고 국내 여행 업계 4위 업체로 도약했다. 직원 수는 230명 남짓. 회사를 세우고 14년간 이끌어 온 창업주에 이은 2대 대표가 바로 주성진이다. 고졸 학력의 샐러리맨으로 국제적인 안목을 중시하는 여행 업계의 CEO가 됐다는 것도 놀라웠지만, 당시 그가 29세였다는 사실은 더욱 놀라웠다.

11년 전 여행박사에 입사했을 때 그의 나이는 만 18세였다. 그로부터 두 해 전 배낭여행을 준비한 것이 그의 인생을 바꿔 놓았다. 고등학교 1학년 겨울 방학에 그는 친구 두 명과 일본 배낭여행을 준비하고 있었다. 9박 10일 일정을 짜고 여객선 티켓은 직접 구입하고, 숙소는 가이드북을 보고 전화로 예약했다. 마지막으로 일본 전국 일주 철도 패스를 사기 위해 신생 여행사의 문을 두드렸다.

"마침 저를 상담해 준 분이 창업주 신창연 대표였어요. 여러 가지 조언을 들은 뒤 여행사 홈페이지를 안내받아 자료를 뒤져 준비했어요. 해외여행은 두 번째였지만 부모님 없이 직접 준비하는 것은 처음이라 그 과정이 너무 재미있었어요. 여행을 다녀온 뒤 여행사 홈페이지에 다시 방문했더니 제가 궁금하게 여겼던 것과 똑같은 질문들이 올라와 있었어요. 그래서 제가 일일이 답을 달아 주고 모르면 찾아서 답해 줬어요. 여기가 내 놀이터구나 하면서 열심히 놀았죠. 친구들이 영화 보고 공연 보듯이 여행사 홈페이지에서 답변 달아 주는 게 저의 취미였어요."

여행사 직원들은 어느 날 홈페이지에서 부지런히 답글을 달면서 '여행 컨설팅'을 대신해 주는 존재를 발견했다. 여행사 대표는 '여행고딩'이라는 아이디를 쓰는 사람에게 이메일을 보내 만나고 싶다고 연락했다.

"진짜 고등학생이라며 재미있어하셨어요. 사장님이 저에게 고등학교만 졸업하고 곧바로 입사하라고 권하셨어요. 여행사인 여행박사에서 박사 학위를 주는데 대학은 왜 가느냐면서요."

그는 인문계 고등학교에 다니고 있었는데 성적은 반에서 7, 8등으로 그리 나쁘지 않았다. 3년 내내 반장을 할 정도로 리더십도 있었다. 스카우트 제의에 마음은 기울었지만 본업은 학생이었다.

"'대학물은 한번 먹어 보고 싶습니다.'라며 거절했어요. 남들이 다 대학에 가니, 일단 들어가 보고 필요 없으면 그만두면 되겠다고 생각했어요. 다만 여행 준비하는 사람들을 도와주면서 이 일이 나에게 맞겠구나 생각하고 이쪽으로 진로는 잡았어요. 업무에 도움이 될 듯해 대학도 일본학과로 진학했죠."

그는 수능 시험을 치자마자 여행사에서 아르바이트를 시작했다. 이

당찬 아르바이트생이 처음 맡은 일은 여권과 비자 발급. 남들은 허드렛일이라 불렀지만 그는 '여행의 출발이 되는 가장 막중한 소임'으로 보고 다른 전략을 구사했다. 성격 급한 손님을 잡기 위해 발품을 팔았고, 연고도 없는 강원도와 전라도까지 내려갔다.

"당시에는 여행사에서 직접 여권 발급을 챙겼는데, 우리 여행사가 있는 종로구청에는 여행사가 많아서 여권 발급에 일주일이 걸렸지만 지방의 시청이나 군청에 가면 이틀, 하루 만에도 여권이 나왔어요. 그래서 저는 여권을 급하게 발급받아야 하면 강원도와 전라도로 내려갔어요.

그때는 일본 여행에도 비자가 필요했는데 아침 8시에 광화문 부근 일본 대사관에서 비자를 발급받았어요. 그러면 저는 손님은 먼저 공항에 보내고 비자를 나르는 일도 마다하지 않았어요. 선박으로 일본에 가는 손님들을 위해 서울에서 비행기 타고 부산항까지 비자를 갖고 간 적도 있었어요. 모든 여행사가 이렇게 하지는 않았지만 저는 고객 한 명 한 명을 챙기려는 열정에서 그랬던 것 같아요."

20세에 그는 1년 동안 대학 공부와 일을 병행한 뒤 군에 입대했다. 군에서 휴가 나올 때도 집이 아니라 여행사부터 들렀다. 제대할 때는 진로에 대한 결심을 굳히고 대학에 돌아가지 않기로 결심했다. 2006년 여행업에 인생을 걸겠다고 비장하게 선언했다.

"부모님이 엄청 반대하셨어요. 제가 일단 대학에 들어갔으니 여행사는 아르바이트 쯤으로 여겼는데, 학업을 그만둔다니 걱정하신 거죠. 복학 신청을 하지 않아 제적당하자 야간대학이라도 다시 가라고 제안하셨어요. 하지만 제 생각은 달랐어요. 저는 '대학 공부에 투자할 시간에 여행사에서 일하기로 선택했으니 여기서 어떻게 해서든 성공할 것이다.'라고 생각했죠. 그래서 여행사에 모든 것을 걸어야 한다고 봤고, 실제 그렇게 살았어요. 2년이 지나자 부모님께서 '너 하고 싶은 대로 하고 살아라.' 하고 허락하셨어요."

학점 대신 실적으로
1억 원 인센티브를 받다

　　　　　　부모의 생각이 바뀐 것은 그의 열정과 그 열정으로 달성한 성과 때문이었다. 학점 대신 실적으로 승부를 내겠다고 각오한 청년은 여행 업계에서 두각을 보이기 시작했고 4년차 때는 대박을 터뜨린다. 미국발 글로벌 금융위기가 닥친 2008년, 경기 침체가 시작되면서 여행업은 가장 먼저 타격을 입었고 매출이 급감했다. 그러나 주성진은 오히려 승승장구했다. 그가 올린 연간 매출 수익은 2억 5000만 원, 다른 직원의 두 배였다. 직원 200여 명 중 매출 실적 1위를 달성했다. 금융위기로 시장이 침체된 때여서 성과가 더욱 두드러졌다.

"회사에서 저에게 백지 수표를 줬어요. 보통 인센티브 하면 100만 원, 500만 원, 1000만 원을 현금으로 받는데, 제가 받은 것은 금액이 적히지 않은 수표였어요. 제가 '이것을 어떻게 쓰지?' 하면서 고민하고 있는데 사장님께서 쓸 데가 없으면 차나 바꾸라며 당시에 제일 좋은 SUV차를 사 주셨어요."

다음에는 목표를 더 높게 잡았다. 일본 담당 부서의 최고 매출 실적은 자신이 세운 연간 2억 5000만 원. 이 수치를 뛰어넘는 것이 목표였다. 2010년 여행사에서는 모든 직원이 각자 목표를 잡은 뒤 이를 달성하면 합당한 인센티브를 주는 옵션제를 도입했다. 그는 연간 매출 목표를 3억 원으로 올려 잡은 뒤 나머지는 인센티브로 제시했다.

"목표를 연간 매출 수익 3억 원으로 잡겠다고 하니, 당시 사장님께서 차라리 4억 원을 목표로 잡고, 매출 수익을 달성하면 3억 원의 초과분인 1억 원을 인센티브로 가져가라고 해서 사장님과 그렇게 옵션을 맺었죠. 그런데 정말로 연말에 4억 원 매출을 달성해 버렸어요."

연간 매출 4억 원을 365일로 나누면 하루에 혼자서 110만 원을 벌어들였다는 계산이 나온다. 여행업은 공장에서 물건을 찍어 내는 제조업과는 다르다. 어느 정도 일해야 이 정도 금액을 벌 수 있을까 궁금해졌다. 동료들은 한 달에 보통 손님 200명의 일정을 관리했다. 그런데 그는 많을 때는 한 달에 400명, 500명의 일정을 조율했다. 10명 이상 동시에 움직이는 단체 여행이 아닌 데도 그랬다.

"우리는 자유 여행 컨설팅을 전문으로 해요. 패키지여행은 10명 이상 단체 고객들이 많지만 자유 여행은 한 팀에 보통 2명이에요. 한 달에 400명을 관리한다 하면 하루에 10팀 정도 상대하면서 스케줄을 파악한 뒤 항공기와 현지 숙소와 교통 예약을 맞춤형으로 작업하는 거죠."

이런 과정을 통해 한 해에 혼자 4억 원 매출을 기록했고 그는 여행

업계에 전무후무한 인센티브 1억 원의 주인공이 된다.

"남들은 자다가 감이 떨어진 줄 아는데, 사실 매출 4억 원을 갑자기 달성한 것은 아니에요. 3, 4년 동안 집에 거의 안 갔어요. 회사 숙직실을 개인 기숙사처럼 이용했어요. 아침 7시 반에 일어나 일을 시작하면 밤 12시, 새벽 1시까지 일하는 것이 부지기수였어요. 일에 파묻혀 살았죠. 토요일 일요일 쉬는 날에도 집에서 텔레비전 보고 노는 것보다 회사에서 컴퓨터 앞에 앉아 있는 것이 좋았어요. 상품도 개발하고 새벽까지 손님 전화도 받고요. 돈을 더 받는 것도 아닌데 일에 '올인' 했던 시절이죠."

'일본 밤도깨비 여행'은 이 여행사에서 처음 내놓은 상품이다. 퇴근하고 금요일 저녁에 출발해 월요일 아침 일찍 도착해서 출근할 수 있도록 하자는 것인데 지금은 어디서나 볼 수 있는 여행 상품이 됐다. 그가 히트시킨 상품은 일본 오키나와 여행이다. 당시만 해도 일본 여행이라 하면 큐슈 온천 위주의 일정이 많았지만 그는 휴양지로서 오키나와의 특성을 부각해 원하는 고객들에게 연결해 주었다. 낮에는 손님과 통화하고 밤과 주말에는 여행 상품을 개발하는 일이 반복됐다.

1억 원 인센티브를 받은 것이 입사 8년차의 일인데, 그때까지도 그의 나이는 만 25세에 불과했다. 대학 동기들은 졸업하고 한창 취업 문을 두드리고 있을 때였다. 그는 다음 해 과장으로 승진했고 한 개 팀을 맡게 됐다.

만능 여행 박사의
성공 비결

　　　　　"진짜 보람은 그다음에 찾아왔어요. 팀장을 맡으면서 현업을 줄였는데도 열심히 일하며 알게 된 손님들한테 요즘도 연락이 와요. 저를 보고 찾아오는 손님들, 누구 소개로 왔다는 손님들까지 고구마 넝쿨 뻗듯이 너무 많아서, 지금도 휴대전화 하나만 갖고도 몇 년은 먹고살 수 있을 정도예요. 영업하는 사람들은 고객이 전부인데 제가 열심히 일하던 시절, 저를 통해 여행을 다녀온 고객들이 만족해하고 계속 찾아 주니 얼마나 즐거워요? 저를 믿고 찾아 주는 고객이 많다는 것이 가장 큰 보람이죠."

　기억에 남는 단골손님은 수없이 많다.

　"한 고객은 가족 여행을 가신다기에 일본의 한 휴양지를 맞춤형으로 예약해 드렸는데, 제가 출장 간 사이 다른 직원을 시켜 일정을 취소했어요. 일본의 방사능 오염이 우려된다고 언론에서 보도하자 무조건 안 가시겠다는 거였죠. 제가 다시 전화를 걸어 여행지는 방사능 오염 지역과 거리가 멀다는 점, 실제로 한국 사람들도 계속 여행을 가고 있고 일본 현지인들도 많이 이용한다는 점, 호텔 풀장 등 부대시설이 잘 갖춰져 있어 가족 휴양지로 적합하다는 점 등을 설명했더니 다시 예약해 달라고 말씀하셨어요. 그 이후로도 그분은 여행 가실 때 항상 저만 찾아요.

　저녁 7시에 전화해서 내일 일본으로 가야 한다고 말해 급하게 호텔과 항공을 연결해 준 손님들도 많아요. 또 2, 3일 동안 통화해 맞춤형 여행 코스를 짜 줬는데 갑자기 연락을 끊었다가 한참 뒤 다시 연락해 다른 여행사에서 출발 직전 추가 요금을 요구했다며 겸연쩍어하면서 우리와 재계약하고 싶다는 손님들도 있어요. 제가 괜찮다며 최선을 다해 마무리하면 다음에 또 연락이 오죠."

그의 성공 비결은 긍정적인 마인드와 열정을 가진 것인데, 이는 모든 분야에서 통하는 만능열쇠이다. 여행 분야에만 특화된 비책은 무엇일까?

"제가 굉장히 중요하게 생각하는 것이 빠른 회신입니다. 요즘은 인터넷 시대여서 손님이 클릭만 하면 다 알 수 있는데 그럼에도 저를 찾는 것은 만족감을 얻을 수 있다는 믿음 때문이죠. 전화가 오면 원하는 것을 바로 충족시켜 줘야 하는데 이틀 걸리고 사흘 걸리면 누가 기다리겠어요? 그래서 저는 다른 직원들보다 회신을 빨리해 주고 못해 줄 때는 이런 사정이 있으니 내일 알려드리겠다고 빨리 회신해 드려요. 다른 직원과 가장 달랐던 것은 빠르고 효과적인 커뮤니케이션입니다. 그것도 손님 입장에서요. 그래서 전화가 오면 시각 자료로 바꿔서 원하는 답을 곧바로 전해 주려고 하죠. 요즘은 휴대전화로 맞춤형 일정을 촬영해 보내 주면 편하게 확인하고 만족해하더군요."

성공에 나이는
중요하지 않다

고객의 마음을 산 주성진은 입사 11년 만에 여행

사 대표 이사로 선출돼 여행 업계를 깜짝 놀라게 했다. 그것도 작은 동네 여행사가 아니라 230명이 근무하는 국내 업계 4위의 여행사다. 취임 당시 그의 나이는 불과 만 29세. 회사 직원들의 평균 연령도 되지 않은 나이였다. 그가 사장으로 뽑힌 것은 이 회사의 독특한 제도에서 비롯됐다. 이 여행사에서는 1년에 한 번씩 사장에 대해 재신임 투표를 실시한다. 70퍼센트를 넘기면 대표직을 유지할 수 있다. 그런데 창업주인 신창연 대표가 어느 해 변화를 찾기 위해 자신에 대한 찬성표가 80퍼센트를 넘기지 않으면 물러나겠다고 공언했다. 2013년 말 신 대표의 지지율은 79.2퍼센트. 불과 0.8퍼센트라는 근소한 차이로 새로운 대표를 찾아야 하는 상황이 빚어졌다.

팀장 40명이 긴급 간부 회의를 열어 후임 대표를 뽑기로 했다. 외부 인사 영입과 내부 팀장 가운데 한 명을 승진시키는 방법을 놓고 투표했고, 최종적으로 주성진 팀장이 대표로 선출됐다. 한국경영자총협회에 따르면 대졸 신입 사원이 입사 후 임원으로 승진하는 데 걸리는 시간은 평균 21.2년인데 그는 입사 11년 만에 대표 이사로 승진한 것이다. 외부에서는 20대 고졸 학력자라는 점에 화들짝 놀랐지만 여행사 내부에서는 단 한 명만 크게 놀랐다.

"진짜 당황했어요. 당시 대표 이사이자 창업주인 분의 지지율이 떨어져 대리하는 것이니 기본적으로 쉽지 않은 역할이었고, 개인적으로도 아직 더 경험하고 싶은 것도 많았어요. 처음 축하한다는 말을 들었을 때 제발 축하 좀 그만하고 위로 좀 해 달라고 부탁할 정도였어요. 평사원으로 입사해 임원이 되는 데 빨라야 20년이 걸린다는데, 저는

11년 만에 된 거니까 걱정이 앞섰죠. 외부에서 보기에 경험 부족은 둘째 치고 나이가 어려서 잘할 수 있을까 하는 이야기도 나왔다고 들었어요. 제가 잘될 수도 있지만 잘못될 수도 있는 거잖아요?

그런데 나이가 어려서 못했다는 말은 사실 별로 듣고 싶지 않았어요. 나이가 많다고 승승장구하는 것도 아니고 나이가 적다고 말아먹는 것도 아니잖아요. 경험이 부족하고 능력이 없고 상황이 좋지 않고 운이 따라주지 않는 등 복합적인 원인이 작용하는 것이지 나이에 성패가 좌우되는 것은 아니라는 생각이 들어 마음을 다잡게 됐어요."

회사와 직원 모두
윈윈하기 위하여

동료 팀장들의 절반 이상이 비상 상황에서 자신을 대표로 선출한 이유를 곰곰이 생각해 봤다. 당시 여행 업계 전체가 위축되고, 일본 방사능 여파와 필리핀 지진, 태국 시위로 업계 매출이 전반적으로 떨어진 상황이었다.

"제가 대표 이사로 선출되고 생각한 것이, 영업 출신이니까 영업 쪽에 지원을 많이 해서 새로운 기회를 만들어야 한다고 봤습니다. 우리는 자유 여행이 특화된 여행사니까, 직원들 해외 출장을 많이 보내서 관광지와 현지 상황을 공부하고 최근 사진과 현황을 업데이트하는 데 강점이 있으니, 이쪽을 지원하자고 본 겁니다. 우리 여행사가 유럽과 중국, 동남아 등지에 다양하게 진출하지만 매출의 절반은 일

본 쪽에서 나오고 있는데 앞으로는 대만과 홍콩 등 인근 지역으로 자유 여행을 확대할 생각입니다.

또 회사를 더 성장시키면 좋겠지만 직원들끼리 인센티브도 가져가고 재미있게 살았으면 좋겠다고 생각합니다. 회사의 성장만이 의미 있는 것은 아니죠. 직원들도 성과를 보답받고 보람을 느끼며 누려 가면서 일했으면 합니다. 제가 팀장으로 일할 때도 인센티브를 많이 가져가고 복지를 누리도록 권장했어요. 회사가 길지만 탄탄하고 의미 있게 가면 좋겠습니다."

사장으로 취임한 뒤 그가 맡은 일은 180도 달라졌다. 상품을 만들고 고객 유치하는 일을 맡다가 이제는 회사 전체를 기획하고 결정하는 일을 한다. 외부 인사를 많이 만나고 시야도 넓어졌다.

"제가 전에는 영업 팀에 있었기에 타 부서에는 관심이 없었지만 지금은 스태프, 인사 팀, 총무 팀, IT 팀도 같이 봅니다. 외부적으로는 여행 업계와 항공사 관계자 들을 자주 만나 돌아가는 상황을 듣고 아이디어를 얻으면 팀장들에게 연결해 줍니다."

20대 초반까지는 공부하기 싫었는데 요즘은 공부도 열심히 한다.

"필요에 의해 공부를 하는데 시간이 부족하다 보니 책이 스승이 되더라고요. 제가 고민하는 문제들에 대한 답을 저보다 똑똑한 사람들이 모두 책에 압축시켜 풀어 놓았어요. 일주일에 한 권 정도는 읽으려고 해요."

붙임성 있고 유쾌한 사람이
여행업에 맞아

사장을 투표로 선출해 뽑는 것은 이 여행사의 독특한 문화이지 업계의 일반적인 상황은 아니다. 또 대다수 여행사는 여전히 학력을 보지만, 이곳은 신입 사원 지원서에 학력을 기재하는 칸이 아예 없다. 자질과 인성을 보고 채용한다. 그에게 어떤 사람을 뽑는지 물었다.

"여행업의 본질은 일단 손님과 계속 소통하고 상대하는 것이기 때문에 그 능력이 떨어지는 사람은 못 버티더라고요. 그래서 우리는 친화력과 사회성을 중시합니다. 면접할 때 가장 많이 하는 질문이 '어떤 성향의 성격을 갖고 있습니까?' 하는 거죠. 내성적인 사람은 통찰력이 뛰어나 여행 후기를 잘 쓰고 상품 기획을 잘한다는 장점이 있습니다. 하지만 기본적으로 우리는 외향적인 사람을 선호합니다. '고객님 잘 계셨어요?'라고 웃으며 인사하고, 이야기도 잘 들어 주는 직원이 단골손님도 많습니다. 본사에 근무하는 직원은 전화나 온라인상으로 손님을 응대하고 대리점 직원들은 직접 만나는 경우가 많습니다. 손님이 오면 일단 표정이 좋아야 해요. 전화로 상대하더라도 표정이 소리에 다 드러납니다. 그래서 긍정적인 사고와 친화력을 집중적으로 봅니다. 채용할 때는 학력을 보지 않지만 친해지면 어디 출신인지 알게 되는데, 항상 그런 건 아니지만 고학력자들이 오히려 잘 버티지 못하는 것 같아요. 잘 놀고 인생을 즐길 줄 아는 사람이 이 일에 잘 적응하고 오래 일하는 것 같습니다."

대학 전공은 다양하다. 관광학과 출신도 있지만 국문과, 영문과, 일본어 등 어문 계열 출신이 많다. 외국어는 영어든 일본어든 중국어든 관심 있는 언어권의 기본적인 회화 실력을 중시한다. 여행을 많이 다녀 본 경험이 면접과 업무에서 큰 도움이 된다.

여행은 원 없이
할 수 있다

이 직업의 특징은 여행할 기회가 많다는 것이다. 대표 이사인 그는 한 달에 한 번 해외 출장을 가고 일반 직원들도 두세 달에 한 번, 최소 반년에 한 번은 해외에 나간다.

"여행은 원 없이 다닐 수 있습니다. 여기저기 다닐 기회가 많고 다양한 문화도 배울 수 있어요. 가끔 해외에 자주 나가서 좋겠다는 말을 듣는데, 개인적인 여행과 출장은 다르죠. 여행은 누구와 함께 가느냐, 무엇을 위해 가느냐가 중요하지, 아무리 좋은 휴양지라도 출장으로 가면 일의 연속입니다."

단점은 연봉이 많지 않다는 것. 한국직업능력개발원에 따르면 여행 안내원과 관광통역 안내원의 월평균 수입은 162만 원이고 평균 계속 근무 연수는 4.8년으로 이직률도 높은 편이다. 다만 3년쯤 지나면 적응이 되어 잘 움직이지 않는다고 한다.

이 여행사의 경우 초임 연봉이 2200만 원이고 전체 직원의 평균 연봉이 3000만 원 이상인데, 소규모 여행사 직원의 연봉이 1500만 원 정도인 걸 고려하면 업계에서는 비교적 연봉이 높은 편이다. 또한 이 여행사에는 독특한 복지 혜택이 많다. 성형 수술과 라식 수술을 지원해 주기도 하고, 골프도 입문 1년 안에 일정 수준의 성적을 내면 포상금으로 1000만 원을 주기도 한다. 심지어 사내 결혼도 권장하는데, 주성진 대표도 팀장 시절 직장 동료와 결혼해 회사에서 대형 TV를 선물로 받았다고 한다.

똥인지 된장인지는
먹어 봐야 안다

진로를 놓고 헤매는 사람들에게 한마디 해 달라고 했다. 어쩌면 동년배가 될 수도 있다.

"우선은 자기가 무엇을 해야 할지 찾았으면 합니다. 2, 3년 동안 방황해도 결국 대부분은 목표를 찾아가지 않나요? 이력서를 넣어 보고 아니라는 판단이 들면 출구를 찾아 다른 것을 선택하면 됩니다. 제가 안타깝게 여기는 유일한 경우가 이력서도 넣지 않고 고민만 하는 경우예요. 관심 있는 분야라면 찾아서 두드려 보고 깨져 봐야 맞지 않다는 것을 알고 다음 단계로 넘어갈 수 있는데, 투자한 것이 아깝다며 가능성 없는 분야를 붙잡고 있는 사람들을 보면 약간 안타까워요."

자기만족을 위해
최선을 다하는 삶

일본에 배낭여행을 다녀온 모든 고등학생이 여행업에 종사하지는 않는다. 통계청 조사를 보면 우리나라 사람들은 직업 선택의 우선순위를 수입, 안정성, 흥미·적성 순으로 꼽는다. 철부지 고등학생은 13년 전 거꾸로 된 선택을 했지만 오답은 아니었다.

"너무 재미있었어요. 사람을 만나고 여행 코스 상담해 주고 홈페이지에서 답변 달아주고 하는 일이요. 사실 저는 여행 떠나는 날 아침에 공항 가서 비행기 타는 것에 스트레스를 받아요. 여행을 준비할 때가 제일 좋죠. 어디 갈지 알아보고 준비하면서 설레는 마음 때문에 저는 누군가의 여행 준비를 돕는 것이 너무 좋아요. 여행 준비하는 것을 좋아하다 보니 그게 일이 됐어요."

그에게 눈여겨볼 점은 최고가 되겠다는 마음가짐이다.

"저는 저 자신을 위해서 일해요. 직원들에게도 회사를 위해 일하지 말라고 그래요. 당신을 위해 일해야지 왜 회사를 위해 일하느냐고 하죠. 자신을 위해 열심히 일하다 보면 그 일이 잘될 것이고, 결국 회사도 잘될 것이라고요. 저도 저 자신을 위해, 즉 자기만족을 위해 일했어요. 대한민국에 수만 개의 여행사가 있는데 본인이 담당하는 지역이나 국가에 대해서는 최고의 전문가라는 말을 들어야 하지 않겠어요?"

Tip1. 여행 업체에서 일하려면?

여행 업체 직원은 관광 일정을 기획하고 조율하는 업무와 현지에서 관광객들과 동행해 도와주는 업무로 나뉜다. 대학의 관련 학과는 관광경영과, 관광통역과, 문화관광과 등이 있으며 관광공사와 관광호텔 업체, 여행 업체, 무역 회사, 항공사, 무역 상사 등에 진출한다. 일부 호텔과 여행사에서는 대학 전공과 관련 없이 직원을 채용하기도 한다. 여행을 좋아해야 하며 긍정적이며 쾌활하고 활동적인 성격이 적합하다. 고객과 원활하게 의사소통할 수 있어야 하고 신속하게 대처하는 능력, 남에 대한 배려와 서비스 정신, 영어 등 외국어 능력 등이 필요하다.

Tip2. 종사자 수와 연봉

한국직업능력개발원에 따르면 여행 안내원과 관광통역 안내원 종사자 수는 1만 3100명이고, 이 가운데 임금 근로자 수는 1만 명(76.3퍼센트)이다. 성비는 여성이 54.1퍼센트, 남성이 45.9퍼센트이며 평균 연령은 42.2세다. 평균 학력은 14년이며, 평균 계속 근로 연수는 4.8년으로 이직률이 높은 편이다. 여행 안내원과 관광통역 안내원의 월평균 수입은 162만 원이다. 주성진 대표에 따르면 여행 업계의 평균 연봉은 3000만 원, 대졸 신입 사원은 2000만 원이지만 업체에 따라 차이가 크다고 한다.

Tip3. 10년 뒤 직업 전망

소득 증가와 세계화로 여행업은 그 수요가 증가하고 있으며, 호텔, 항공, 패키지여행과 자유 여행, 일반 출장 등으로 세분화되고 있다. 종합 여행사뿐 아니라 호텔 예약, 자유 여행 등 한 분야에 특화된 전문 여행사로 다변화되는 추세이다. 여행업체의 직업 수요는 당분간 증가할 전망이다.

도선사
나태채

1956년 전라남도 나주에서 태어나 1979년 부산에 있는 한국해양대학 항해학과를 졸업했다. 이후
항해사를 거쳐 1990년 선장이 됐으며 1999년 도선사 시험에 합격, 2000년부터 울산항에서 도선
사로 활동하고 있다.

> 변화무쌍한 바다 위에서 항만에 입·출항하는 선박에 탑승해 선박을 부두까지 안전하게 인도하는 일인데, 이건 도선사가 아니면 할 수 없잖아요? 전문직으로 일한다는 자부심이 있습니다.

도선사는 평균 연봉 1위의 전문직으로 주목받는 직종이다. 한국고용정보원에서 700여 개 대표 직업의 평균 연봉을 발표했는데, 이중 도선사가 평균 연봉 1억 539만 원으로 3위를 차지했다. 기업체 고위 임원(1억 988만 원)과 국회의원(1억 652만 원) 다음 가는 연봉이다. 자격증만 있으면 할 수 있는 전문직이라 더욱 매력적이다. 이 보도 이후 도선사 협회에는 자격증 문의가 이어졌다.

"도선사 자격시험이 어렵냐고요? 그다지 어렵지 않아요. 세 개 과목 시험에만 통과하면 됩니다."

도선사 자격시험 경쟁률은 평균 10대 1로 공무원 시험보다 낮다. 한번 해 볼 만하다며 회심의 미소를 지을 수도 있겠으나, 실은 시험에 통과하는 것보다 '시험 응시 자격'을 충족시키는 것이 더욱 어렵다.

"시험에 응시하려면 배의 선장으로 승선한 경력이 5년 이상 돼야 합니다. 선장은 어떻게 되느냐고요? 항해사 경력이 7~9년 있어야 합니다. 항해사는 해양대학 등 관련 대학을 졸업해야 될 수 있고요."

쉽게 말해 큰 바다에서 배를 20년 정도 타고 나면 도선사 시험 응시 자격이 주어진다는 말이다. 실제 도선사들은 선장을 거쳐야 하며, 해양대학을 졸업하고 평균 25년이 지나 50세에 자격증을 딴다.

바다 위의
파일럿

신대륙 아메리카를 발견한 뒤 우쭐한 표정으로 귀항한 선장 콜럼버스. 스페인 부두에 선박이 닿기까지 10킬로미터 동안 콜럼버스를 대신해 운항을 지휘한 임시 선장은 따로 있었다. 21세기에도 미 해군의 항공모함이 우리나라에 입항할 때 해상 8킬로미터 앞에서 부산항 부두까지는 한국인 임시 선장이 지휘를 맡는다. 이때 임시 선장이 바로 '도선사'로 불리는 사람이다.

도선사는 항만이나 운하에서 선박에 탑승해 선박을 안전하게 안내하는 일을 한다. 큰 바다, 대해에서는 선장이 운항을 지휘하지만 항만 입구에서 입항하거나 출항할 때는 도선사가 운항을 지휘하는 길잡이가 된다. '파일럿(Pilot)'은 '안내하다' '유도하다'라는 뜻으로 원래는 '도선사'를 가리키는 단어였다. 그런데 20세기 이후 항공기 조종사들이 파일럿으로 불리자, 도선사를 '해양 파일럿(Maritime Pilot)'으로 구별해 부르기 시작했다.

세계적으로 항만과 운하 등 특정 구역에서는 도선사에 의한 운항을 강제 사항으로 규정하고 있다. 이 때문에 도선사는 공인된 면허가 필요한 전문직으로 분류된다. 자동차에 비유하면 대리운전이라고 할 수 있다. 선장이 나라 전체를 누비는 운전자라면, 도선사는 차를 넘겨받아 마을 안 좁은 골목에서만 운전하는 대리 기사에 해당한다. 재미있는 것은 바다 세계에서는 큰길에서 운항할 줄 알아야 좁은 골목에서 대리 운항을 할 수 있다는 점이다. 대해를 누비는 선장 경력이 5년 이상 되어야 도선사 시험을 칠 수 있는 이유가 여기에 있다.

해양대학을 졸업한 뒤 20년 만에 도선사가 됐다는 나태채 도선사를 만났다. 그는 선장이 된 뒤 유조선을 이끌고 정유 회사들이 밀집한 울산항에 자주 입항했다. 그 인연으로 도선사 자격증을 딴 뒤 울산항에서 10년 남짓 활동하고 있다.

울산항 앞바다의
도선 장면

이곳은 울산항 10킬로미터 앞 해상. 나태채 도선사가 부두에서 소형 보트를 타고 30분 동안 나가자 눈앞에 300미터 길이의 거대한 유조선이 보인다. 만나는 곳은 '파일럿 스테이션', 즉 도선점이라는 정류장인데 일반인의 눈에는 그저 똑같은 바다 위일 뿐이다. 대형 선박이 도선점에서 대기하고 있었다. 보트를 대형 선박에 갖다 붙이고 나태채 도선사가 10미터 높이의 줄사다리에 올라탄다. 줄사다리를 통해 대형 선박에 승선한 그는 곧바로 조종실로 간다. 선장이 "Welcome on board.(승선을 환영합니다.)"라고 인사하자 그는 "Good Afternoon.(안녕하세요.)" 하고 답한다. 이제부터 선박의 모든 지휘권은 나태채 도선사에게 있다.

"Slow ahead.(저속으로 전진.)"

도선사의 지시가 떨어지자 거대한 유조선이 움직이기 시작한다. 도선사가 항해사와 기관사에게 어느 코스를 얼마의 속도로 가라고 지시한다. 모든 의사소통은 영어로 이뤄진다. 1시간 뒤 한 치의 오차도 없이 선박을 울산항 부두에 접안시킨다. 옆에서 말없이 지켜보던 외국인 선장이 도선사에게 엄지손가락을 치켜들고 "Wonderful!" 하고 외친다. 긴장이 역력했던 도선사의 얼굴에도 그제야 웃음이 찾아온다. 선장의 권한을 넘겨받아 부두까지 안내하는 임무가 완료된 것이다.

"선장들은 대양에서는 운항을 직접 지휘하지만 항내 수역 지리 정보에 어둡고 경험이 없어 항내에서는 직접 운항하기가 힘들어요. 울산항의 면면을 잘 아는 우리 도선사들이 도선점에서 선박을 만나 부두까지 안전하게 접안시키는 일을 하죠. 대형 선박이 부두를 떠나 출항할 때도 우리가 도선점까지 운항한 뒤에 보트로 옮겨 타고 되돌아옵니다. 쉽게 이야기하면 차를 집 앞 골목에서 대로까지, 또는 대로에서 집 앞까지 대리운전하는 역할이죠."

도선의 핵심은
안전

　　　　대리운전과 다른 점은 도선사가 핸들에 해당하는 조종실의 키를 잡지 않는다는 것이다. 도선사가 안내하는 배는 길이가 평균 200～300미터에 달하는 대형 선박이다. 이는 축구장의 두세 배에 해당하는 크기다. 그래서 선박에는 키를 잡는 조타수와 옆에서 선장을 보좌해 주는 항해사가 따로 있다. 선장은 전체 상황을 보면서 지휘만 한다.

　"자동차는 혼자 운전할 수 있지만, 선박은 그 크기가 200～300미터에 달해 혼자 운항할 수 없어요. 바다는 도로와 달리 길이 없고 수심도 깊은 곳과 얕은 곳이 들쭉날쭉하죠. 또 신호등이 없으니 다른 배와 충돌하지 않도록 주의해서 봐야 하죠. 그래서 선장과 항해사는 늘 주변 상황을 보면서 운항합니다. 즉 어느 곳에서 항로를 따라가고 어느 곳에서 코스를 바꿔야 할지 주변의 교통 상황을 보면서 지시를 내립니다."

　그가 부두에서 출발해 도선점에서 선박을 만나 부두에 정박시키기까지는 1시간 이상이 소요된다. 그는 이런 식으로 하루 평균 대여섯 척의 선박을 도선한다.

　도선사들은 특정 항구에 속해 일한다. 울산항에서 일하는 나태채 도선사는 울산항으로 들어오는 모든 선박을 취급한다. 울산은 정유와 자동차, 조선업과 관련된 업체가 많아 울산항을 오가는 선박들도 주로 이 세 가지와 관련된 수송을 한다. 기름이 실린 유조선이나 자동차

5000대를 실은 운송선을 운항하거나 조선소에서 만들어진 선박을 대항으로 인도하는 업무를 주로 한다. 안전이 가장 중요해서 도선을 할 때는 초긴장 상태가 된다.

"유조선에는 200만 배럴의 원유가 실리는데 배럴당 100달러라면 배 한 척에 2억 달러어치이니, 우리 돈으로 기름 값만 2000억 원이고 배 값은 1000억 원에 달합니다. 3000~4000억 원의 재산을 운항하고 하역하는 것입니다. 사고 등으로 잘못되면 대재앙이죠. 이보다 중요한 것은 타고 있는 선원 수십 명의 안전입니다. 여객선의 경우 승객 수백 명의 목숨이 달려 있어요. 태안 사고처럼 유조선이 좌초되면 2차 피해가 발생하기도 합니다. 생명과 재산이 달려 있으니 선박을 접안시킬 때는 항상 초긴장 상태가 됩니다."

변화무쌍한
바다 위에서

매일 하는 일이어서 익숙할 것 같지만 변화무쌍한 바다가 변수다. 날씨가 나쁘면 위험해서 도선을 하지 않는다. 며칠 동안 접안을 하지 못하면 항만에서는 난리가 난다. 배 한 척에 원유는 200만 배럴, 자동차는 보통 5000~6000대가 실린다. 하루씩 접안이 늦어져 생산이 지연될 때마다 원유 공장은 수억 원의 손실을 입고, 자동차를 실은 선박은 수출이 늦어진다. 날씨가 계속 나빠 유조선이 항만으로 접안하지 못하면 정유 공장에서는 원유가, 가스공사에서는 가스 비축분이 떨어져 생산이 중단되기도 한다. 자동차 수송선도 일주일 이상 선박이 교체되지 않으면 수출 전용 부두에 생산된 차들을 야적할 공간이 사라져, 자동차 공장에서는 생산을 줄이고 부품 조달 협력 업체에서는 생산 설비가 멈추는 상황이 빚어진다. 이때 경험 많은 베테랑 도선사들은 안전을 최우선으로 하되 효율성도 고려해 선박 접안을 고려하게 된다.

"하루 이틀은 입항이 지연되어도 괜찮지만 날씨가 계속 나쁘면 항만에 원자재가 공급되지 않아 공장이 가동되지 못하는 상황이 빚어집니다. 일단 선박이 항내로 들어오면 안전하니 도선사들은 최대한 주의하면서 접안을 하기로 결정합니다. 때로는 비바람과 강풍 속에서 도선을 하는데 배가 클수록 고도의 숙련된 기술이 필요합니다. 그래서 악조건 속에서 배를 잘 접안하면 다들 고마워하죠. 안전하게 도선한 뒤 공장 가동이 다시 원활해지는 것을 볼 때 자부심을 느낍니다."

선박을 접안할 때만큼 긴장되는 순간은 바다 위의 도선점에서 큰 배에 오르내릴 때이다. 승하선 과정에는 늘 위험이 뒤따른다. 보트를 타고 도선할 선박에 접근해 요동치는 바다 위에서 줄사다리를 이용해 10미터를 올라가 배에 타야 한다. 잘못하면 실족 위험이 있고 파도가 높을 때는 그 위험이 더 커진다.

"방파제를 벗어난 바다에서 배에 오르내릴 때는 무척 조심스럽습니다. 내항보다 파도가 거칠어 배를 부두에 접안할 때보다 더 긴장이 됩니다. 저도 한번은 배 위로 올라가던 중 줄사다리 한쪽이 끊어져 매달린 적도 있습니다."

국내에서는 이 과정에서 지난 20년 동안 네 명이 숨졌으며 골절상을 입은 경우도 적지 않다. 전 세계적으로도 매년 도선사들이 이 과정에서 숨지는 일이 발생한다. 그래서 네덜란드 로테르담 항만, 유럽과 중동의 일부 항만에서는 보트가 아니라 헬기로 도선사를 도선점까지 데려다준다. 하지만 우리나라에서는 비용상 문제와 짧은 거리, 기상과 현장 여건 등을 이유로 도선사들이 보트를 이용해 도선할 배에 접근한다. 자부심과 프로 의식이 없으면 하기 힘들다.

"변화무쌍한 바다 위에서 항만에 입·출항하는 선박에 탑승해 선박을 부두까지 안전하게 인도하는 일인데, 힘은 들어도 자부심을 갖고 일합니다."

2013년 울산신항 남항부두 2번 선석을 개장할 때도 대형선을 가장 먼저 인도한 주인공은 나태채 도선사였다. 그가 당시 입항시킨 선박은 길이 250미터의 유조선이었다. 유조선을 도선해 부두에 접안시킨 순간 부두에 도열한 사람들은 박수를 쳤고, 외국인들은 "Welcome, Congratulation!"하고 외쳤다.

"대형선을 방파제 사이로 안내해 부두에 접안시킨 순간이었어요. 외국인 선장은 저에게 'Wonderful'이라고 하면서 우리나라 식으로 90도로 절을 하고 선원들은 박수를 쳤어요. 전문가들끼리는 서로 알거든요. 주차를 하더라도 한 번에 주차하는 것과 여러 번 앞뒤로 가면서 불안하게 하는 것은 다르죠. 배가 그림처럼 우아하게 접안해야 하는데 한 번에 안전하게 접안하면 선장도 안도하고 만족하는 거죠."

비행기도 이착륙하는 순간이 가장 위험하듯이 선박도 입·출항할

배 한 척에는 약 3000~4000억 원의 재산이 걸려 있습니다.
이보다 중요한 것은 선원 수십 명의 안전입니다.

생명과 재산이 달려 있으니 그만큼 자부심을 갖고 일합니다.

때가 가장 긴장되는 순간이다.

"배가 부드럽게 가는 것처럼 보이지만 실은 물 위를 떠가는 오리와 같아요. 오리가 물속에서는 얼마나 노력합니까? 발도 차고 물장구 치고 분주히 움직이죠. 배도 안전하게 항해해 접안하기 위해서는 안전한 속도, 거리, 위치가 필요하고 선장과 커뮤니케이션도 잘해야 합니다. 만에 하나라도 잘못되면 사고로 이어질 수 있습니다. 한 척의 선박을 안전하게 접안하기 위해서는 다년간의 승선을 통해 터득한 모든 노하우를 집중해야 하는데, 이건 도선사가 아니면 할 수 없잖아요? 전문직으로 일한다는 자부심이 있습니다."

세계 일주에 끌려
마도로스가 되다

전남 나주가 고향인 그는 고교 시절부터 선장을 꿈꿨다. 진로 관련 잡지에서 본 마도로스의 멋진 복장에 꽂혔다. 외항선 선원들이 세계를 일주하는 이야기를 읽고 가슴이 뛰었다. 고등학교 3학년 때 하얀 제복을 입고 학교를 방문한 선배들을 만나면서 한국해양대학교 항해학과에 지원했다.

"우선 마도로스는 세계 일주를 할 수 있다는 점에 끌렸어요. 또 해양대 졸업자는 선장과 해운 회사 등 진로가 넓어, 졸업하면 100퍼센트 취업이 보장된다고 들었죠. 연봉이 고액인 데다 군대가 면제되고 대학에서 장학금을 주는 등 혜택도 많았어요."

요즘으로 치면 수시 모집으로 먼저 시험을 치렀다. 경쟁률은 15대 1. 광주의 명문고 출신으로 공부를 잘했던 터라 합격자 150명 안에 들었다. 대학 입학으로 군은 면제됐지만 그가 몰랐던 사실이 있었다.

"대학 생활이 군대 같아서 고생했죠. 매일 아침 5시 반에 일어나 날마다 운동으로 하루를 시작했어요. 태종대와 방파제를 군대식으로 구보하기도 했어요. 선상 생활에 적응시키고 체력을 단련시킨다고 선배들에게 기합도 받으며 운동했죠."

공부도 힘들었다. 주요 과목은 항해학과 항해술, 기상학, 조선학, 물리, 화학, 전파공학 등이지만 영어 비중이 높았고 제2외국어로 스페인어와 프랑스어도 공부했다. 지금은 기준이 완화됐지만 당시만 해도 시험 점수 60점 이하는 과락인데, 한 번 탈락하면 재시험 기회를 주고 두 번째 탈락하면 퇴교 처리됐다. 서울대에 입학할 정도의 수재들이었지만 결국 몇 명은 퇴교당했다.

"입학 동기 150명 가운데 140명만 졸업하고 나머지는 퇴교당했어요. 이론만 배우는 것이 아니라 실습도 있었어요. 일반 대학과 달리 해양대학 학생들은 3학년이 되면 해상 실습을 나갑니다. 자체 실습선이 있어 승선 생활을 6개월하고 다시 학교로 와서 수업하죠. 해외 송출 회사 선박에서 실습생 신분으로 6개월 정도 일하며 공부를 병행하기도 했어요."

그는 대학을 졸업한 뒤 3등 항해사를 시작으로 2등 항해사, 1등 항해사를 거쳐 11년 뒤 선장이 됐다. 처음 운항한 선박은 정유 공장에 기름을 수송하는 대형 탱크로 이루어진 운반선, 즉 유조선이었다. 중

동과 울산항을 오가는 일이었는데, 왕복하는 데 평균 40일이 걸렸다.

"40일은 아무것도 아니죠. 1년 동안 가족을 만나지 못한 적도 있어요. 그때는 아들과 딸이 유치원생이었는데, 1년 뒤에 봤더니 알아보지 못할 정도로 훌쩍 커 버렸어요. 동료들 중에는 실제로 자식들이 아버지를 못 알아보고 초인종을 눌러도 문을 안 열어 준 일화도 있어요."

고독을 즐기는 자만이
선장이 될 수 있다

도선사를 하려면 항해사와 선장을 거쳐야 한다. 항해사는 하루 24시간 중 4시간 당직제로 일하고 8시간 쉬는 식으로 일한다. 선장은 24시간 책임을 지니까 쉰다고도 할 수 있고 일한다고도 할 수 있다. 선장이 되려면 선상 생활을 즐기고 특히 혼자만의 시간을 즐길 수 있어야 한다.

"저는 바다에서 혼자 생활하는 게 적성에 맞았어요. 책을 읽고 컴퓨터 프로그램을 짜다 보니 해상 생활이 지겹다는 생각이 안 들었어요. 육상 세계와 단절돼 있지만 배에서 BBC와 VOA(미국의 소리) 등 영어로 나오는 단파 방송을 들을 수 있었고, 최근에는 인터넷도 할 수 있어 더 괜찮아졌어요. 그 덕분에 영어를 듣는 귀는 많이 뚫렸어요."

그래도 대항선을 타다 보면 바다 한가운데 아무것도 보이지 않을 때 외로움이 엄습한다.

"콜럼버스가 한 달 동안 육지를 못 보고 항해했다는데, 대항선을 타면 비슷한 느낌을 받아요. 낮에는 태양 하나, 밤에는 달과 별만 보여요. 그래도 선장이라면 고독을 즐겨야죠."

항해는 좋지만
가족이 그리웠다

도선사라는 직업의 장점을 물었을 때 그의 답에 웃음이 터져 나왔다. 그가 도선사의 장점으로 꼽은 것은 필자를 포함한 대다수 월급쟁이들이 매일 누리는 생활이 아닌가?

"배는 매일 타지만 나갔다가 다시 들어오니, 육상에서 안정된 생활을 할 수 있다는 점이 도선사의 가장 큰 장점입니다."

필자는 다른 직업인에 비교할 때 도선사의 특성을 물은 것인데, 그는 같은 업종 내의 선장, 항해사와 비교한 장점을 답한 것이다. 어쨌든 그가 말한 장점, 즉 육상 생활을 할 수 있다는 도선사의 근무 특성을 살펴보자. 우리나라의 경우 선장과 선원은 가족과 함께 배를 탈 수 없다. 나태채 도선사는 1등 항해사 시절, 항해는 좋았지만 가족이 늘 그리웠다. 그래서 선장이 되기 직전 가족과 함께 남미로 나가서 배를 타지 않는 직업을 경험했다. 아마존 강에서 금도 캐 보고 선박에서 사용하는 물건을 납품하는 사업도 구상해 봤다. 하지만 결국 바다가 그리워져서 되돌아왔다.

"남미에서 2년을 보냈더니 다시 배 타는 일이 그리워졌어요. 배를 타면서 육상 생활도 하자고 생각해 귀국했어요."

바로 이때 도선사가 되기로 결심했다. 선장이 되자 외국 하역 회사에서 고액 연봉을 제시하며 스카우트를 제의해 왔다. 그간 유조선을 많이 탄 경험 덕분이었다. 하지만 그는 승선 경력을 채우기 위해 거절했다. 도선사가 되려면 5000톤 이상 선박의 선장으로 5년 이상 승선한 경력이 있어야 하기 때문이다.

"육상 생활에 대한 갈망이 있어 도선사가 되려고 했어요. 시험 응시 자격 요건이 제가 준비할 때는 선장으로 승선한 경력이 7년이었으니, 휴가를 빼면 햇수로는 9년이 걸렸어요."

아들은 아버지와 같은 길을 걷고 싶어 했다. 스물여덟 살인 그의 아들 역시 해양대학을 나와 도선사가 되는 과정을 밟고 있다. 현재는 2등 항해사로 일하고 있다.

안정성 높은
고연봉 전문직

도선사는 되는 과정이 힘든 만큼 혜택이 많은 전문직이다. 모든 선박의 입·출항은 도선사에 의해 강제 도선하도록 국가에서 보장한다. 1년에 열 명 정도로 선발 인원이 제한돼 있어 지위가 안정적이다. 변호사와 의사 등 다른 전문직은 인기 직업이긴 하지만 그들 내부에서 경쟁이 치열하다. 외부에 알려지지 않았을 뿐 전문직 가운데 이렇게 안정적인 직업은 드물다. 도선사는 자격증을 갖춘 개인 사업자이지만, 공무원 이상으로 안정성이 높아 보인다.

또 그는 부각하지 않았지만 이 직업의 가장 큰 장점은 고액 연봉을 받는 전문직이라는 것이다. 2012년 한국고용정보원이 발표한 공식적인 평균 연봉만 1억 539만 원이다. 평균 연봉은 기업체 고위 임원과 국회의원에 이어 3위지만 이 두 직업은 몇 년마다 재평가를 받고 고용이 불안정한 대신 도선사는 65세까지 활동이 보장된다. 도선사들의 실제 수입은 연 3억 원 정도라고 한다. 보름 일하고 열흘 쉬는 방식으로 근무하는데, 다른 전문직에 비해 근무 시간이 긴 편은 아니다. 근무일에는 하루 평균 대여섯 척의 선박을 도선한다.

"도선사는 순수하고 마음이 맑아요. '사'자가 붙은 전문직 가운데 자연과 가장 친숙한 직업입니다. 다른 직업은 인간을 상대하고 감정 표현을 하면서 스트레스를 많이 받는데 우리는 그런 일이 적어요. 우리는 자연과 상대하니 단순하지만 순수하고 직설적입니다. 저는 남에게 지시받기 싫어서 선장이 되려고 했는데 도선사는 선장이지만 개인 사업자라는 점도 좋아요."

선장과 항해사의
험난한 길

배는 하나의 사회다. 고립된 공간이기에 많은 일이 발생한다. 선원들끼리 술 먹고 싸우기도 하고 사고가 발생할 때도 있다. 나태채 도선사는 선장 4년차에 가장 힘든 경험을 했다. 호주에서 선박을 운항할 때 한 선원이 출항하다 작업 도중 물에 빠져 숨지는 사고가 발생했다.

"상당히 힘들었어요. 도선사가 타는 줄사다리를 회수하는 과정에서 선원 한 명이 물에 휩쓸려 떨어졌죠. 익사자를 찾는다고 하루 종일 수색했어요. 사회 초년생 선원이 편하게 작업하려다 사고를 당했던 거였어요. 저도 4년차에 겪은 일이라 절대 잊을 수 없었고, 이후 선원들이 규칙을 잘 지키도록 더 엄하게 관리하게 됐어요."

선장은 전문직이기 이전에 관리자고 리더다. 그는 남에게 지시받지 않고 일하는 것이 선장의 장점이라고 말한다.

"선장은 소국의 왕, 대통령 같은 통치권이 있어요. 국제법에 선장의 수장권이 있어요. 누가 죽었을 경우 시체를 싣고 다니면 위생상의 문제가 생길 수 있으니 배에서 장례를 지내고 수장할 수 있는 권한이죠. 콜럼버스 시절에는 배의 질서를 잡기 위해 반란도 진압했어요."

선원은 크게 항해사와 기관사로 나뉜다. 항해사는 배 운항을 담당하고, 기관사는 배를 보수하고 정비하는 역할이다. 선원 생활의 가장 큰 단점은 해상에서 생활해 외롭다는 점이다. 사고에 노출될 위험도 크다. 해상에서 발생하는 사고가 육상에서 발생하는 사고보다 비율은 낮지만 한번 터지면 큰 사고로 이어질 수 있다.

"바다의 특성상 태풍과 풍랑, 강풍에 쉽게 노출되죠. 요즘은 해적이 출몰하는 경우도 잦아지고 있습니다. 또 병이 생겼을 때 의료 혜택을 보기 힘들어요."

선원들이 생사를 다툴 정도로 위험할 때는 가까운 항구로 가거나 헬기에 도움을 요청한다. 하지만 그 외의 상황에는 스스로 대처해야 한다. 대형 선박에는 수술 장비도 실려 있고 '응급조치'와 '비상의학'은 항해사들이 이수해야 하는 필수 과목 중 하나다.

"저도 수술해 본 적이 있어요. 선원이 머리를 다쳐 실로 묶어서 수술해 줬죠."

공간 지각력과
리더십이 있어야

선장과 도선사는 이과 분야의 직업이다. 필요한 핵심 자질은 공간 지각력이다. 위치에 대한 방향 감각이 없는 길치는 선장이 되기도 힘들지만, 되어서도 고생한다. 물리학과 수학도 관련 과목이다.

"제가 고등학교 2학년 때 적성검사를 했더니 공간 지각력이 우수해 선장, 조종사 등이 적성에 맞는 직업군으로 나왔어요. 실제로 선박을 운항하거나 도선할 때는 공간 지각력이 제일 중요합니다. 바다에서 물체가 이동하려면 자신의 위치를 파악하는 것이 안전의 기본입니다. 물리학과 지구과학도 중요합니다. 물론 GPS가 있지만 전기가 나간다든가 하는 극한 상황에 대비할 수 있어야 하죠. 그래서 낮에는 태양, 밤에는 달과 별을 보고 항해하는 '천문항해'도 배웁니다."

리더십이 있어야 하고 외국어도 필요하다. 또 바다는 고립된 공간으로, 의료 기술의 혜택을 보기 어려우니 일단 몸이 건강해야 한다. 해양대학에 입학하려면 교정시력이 일정 수준 이상으로 나와야 하고,

정상 혈압이어야 하며 혈우병 등이 있으면 입학할 수 없다.

도선사로는 울산항에서만 29명, 전국 11개 항에서 240여 명이 일하고 있다. 도선사는 연간 평균 10여 명을 선발하며, 평균 경쟁률은 10대 1 정도이다.

최연소 도선사의
합격 비법

나태채 도선사의 대학 졸업 동기 140명 가운데 3분의 2는 선장이 되었다. 이 가운데 선장의 꽃이라는 도선사로 일하는 사람은 13명이다. 그는 동기들 가운데 최연소로 도선사가 됐다. 보통 대여섯 번 응시하는데 그는 한 번에 합격했다. 운이 좋았다고 했다. 공부를 열심히 하지 않아도 정말 운만 좋으면 합격할 수 있는지 물었다. 그는 쑥스러운 표정으로 공부 비법을 알려주었다.

"도선사 시험은 대개가 선장으로 일하면서 벼락치기로 공부합니다. 저도 몇 달 동안 선장 일을 하다 시험 치기 두 달 전부터 고시원에 살았어요. 한 번에 끝내려고 술과 담배를 끊고 집중적으로 공부했어요. 시험은 해사법규와 운용술, 영어 등 세 개 과목인데 각각 90분씩 논술형으로 적어야 합니다. 영어는 기본기가 있어야 하는데 저는 평소에 영어 방송을 들으며 준비했어요. 또 시험에서 0.5점 차이로 떨어지니, 자신이 아는 것이 중요한 것이 아니라 채점자 입장에서 지원자가 알고 있다고 생각하게 해야 합니다. 논술 시험은 분량을 채워야 하고 서론과 본론, 결론이 있어야 하죠. 한정된 시간에 아는 것을 다 쓰기 힘드니, 기계적으로 쓸 정도의 실력이 돼야 합니다. 예상 문제 1000개를 뽑은 뒤 성의껏 답변을 적고 반복해서 외웠어요. 처음에는 한 페이지도 안 넘어가더니 마지막 날에는 하루 안에 답안 1000개를 모두 볼 정도가 되더군요. 시험 칠 때 아는 문제와 모르는 문제가 나오면 아는 문제는 준비한 답변을 쓰고 모르는 문제는 비슷한 문제를 대입해 답했습니다."

바다 사나이의
자부심

거북선을 만든 사람은 이순신 장군이 전라좌수사 시절 휘하에서 무관으로 활약했던 나대용 장군이다. 나태채 도선사는 나대용 장군의 17대손이다. 그는 마도로스 복장에 끌려 우연히 배를 타게 됐지만 선장이 된 뒤에는 그런 점을 의식하며 최선을 다하려고 노력했다. 특히 IT에 관심이 많아 286 컴퓨터가 나오던 시절, 이미 개인 컴퓨터로 선박 운항 프로그램을 짜기도 했다.

울산항은 국내 최초로 보트에서도 노트북으로 모든 정보를 확인할 수 있도록 전산망이 갖춰진 곳이다. 해도와 본선의 위치, 날씨와 풍향, 도선사들의 일정과 하역 프로그램, 심지어 회계까지 한눈에 볼 수 있는 시스템이 2004년에 도입됐다. 나태채 도선사의 작품이다.

"당시만 해도 배 위에서는 무선망을 활용할 수 없었어요. 그런데 제가 도선사 기술 위원을 맡으면서 보트에서 실시간으로 모든 정보를 확인하도록 프로그램을 도입했어요."

선장이 되기 전 2년 동안 방황도 했지만 인생에서 크게 보면 한길로 간 셈이다.

"배를 타면 가족과 떨어져 있어 고독하니까 승선을 기피하는 사람들이 있죠. 요즘 젊은 사람들도 배를 타지 않으려고 해요. 저는 크게 보면 한길로 간 것에 대해 감사하게 여깁니다. 무엇이든 만 번 하면 달인이 된다는데 도선도 만 번 정도 하니 자신감이 붙어요.

우리 일은 운항에서 가장 힘든 입·출항을 도와주는 일이어서 자부심이 있습니다. 추위와 폭우 속에서 일할 때도 있지만 악조건 속에서도 안전하고 멋지게 잘 접안해서 항만과 공장이 잘 돌아가면 보람을 느껴요. 또 매일 여러 국적의 선박과 선원 들을 만나니 하루에도 여러 나라를 다니는 외교관 역할을 하는 셈입니다."

젊은이들이여
해양에 도전하라

그는 우리나라가 해양 국가이고 바다는 블루오션이라며 젊은이들이 관심을 더 가질 것을 권했다. 우리나라가 세계 1위 조선소가 된 조선 강국의 신화 뒤에는 항해사와 기관사 등 해기사들의 역할이 컸다는 설명이 이어졌다.

"광부와 간호사들이 독일에 진출하고, 건설 업체들이 중동에서 오일 달러를 벌어들인 것은 잘 알려졌지만 해기사들이 선진국 배를 타며 외화를 벌어들인 사실은 잘 알려져 있지 않습니다. 무엇보다 우리나라의 조선 산업이 급성장한 배경에는 조선 공학도의 노력도 있지만, 해양대학 출신 등의 인재들이 조선소로 진출했기 때문입니다. 우리나라가 잘 만드는 LNG와 유조선 등 특수선들은 초창기에 해기사들이 많이 탔던 배예요. 이들이 선진국의 선박을 타 보고 경험하면서 알게 된 기술을 조선소에서 배를 만들 때 접목시켰기에 일본을 따라잡았던 거죠.

우리나라는 장보고 시절부터 해양 국가였는데 젊은 사람들이 바다에 관심을 가졌으면 좋겠습니다. 바다는 블루오션입니다. 해상은 육상보다 치열하지 않으니 경쟁이 덜한 곳에서 조금만 노력하면 성공할 수 있고 세계적으로 진출할 기회도 많습니다."

해양대학을 놓고 보면 승선학부와 비승선학부로 나눌 수 있다. 승선학부는 항해 및 기관과 관련되고, 비승선학부는 해상 보험, 해상 금융, 국제법, 해상 변호사 등 외곽에서 지원하는 업무와 관련된다.

태안에서 유조선의 기름 유출 사고가 났을 때 변호사와 보험사 직원 들이 달려왔지만 전문적인 지식이 부족해 해양 전문가들이 가서 도와줘야 했다. 현재 해양 전문 변호사는 거의 없고, 해상 보험이나 선박 금융도 전문가가 부족해 정말로 블루오션이다.

마지막으로 꺼내기 싫은 아픈 기억이지만 조선 강국이라는 대한민국에서 2014년 '세월호 침몰' 사건 때 보여 준 해양 재난 대처 능력은 우리가 어느 쪽에 인재를 키우고 투자해야 할지 똑똑히 보여 주었다.

Tip1. 도선사가 되려면?

도선사가 되려면 도선사 자격증을 따야 한다. 연간 평균 10명의 도선사를 뽑으며 평균 경쟁률은 10대 1이다. 5000톤 이상 선박에 선장으로 승선한 경력이 5년 이상이 되어야 시험 자격이 주어진다.

선장이 되려면 항해사를 거쳐야 한다. 한국해양대학과 목포해양대학, 전문학교 등 관련 대학을 졸업하면 항해사가 될 수 있다. 이후 3등 항해사 1~2년, 2등 항해사 2~3년, 1등 항해사 4~5년 정도 거치면 선장이 된다.

종합하면 항해사와 선장으로 평균 25년간 승선한 사람이 응시해, 도선사 자격시험에 통과해야 한다. 도선사 시험 과목은 해사법규와 운용술, 영어 등 세 가지 과목이다. 1차 시험은 논술형이다. 해사법규는 도선과 관련된 법규, 즉 도선법, 해상교통 안전법, 해양오염 방지법, 개항 질서법, 충돌예방 규칙법 등이 출제된다. 운용술은 선박 운항에 대한 것으로, 물리학과 기상학, 지문항해학(천문항해의 반대로 땅을 기준으로 한 항해) 등이 있다. 도선사는 만 65세가 되면 자격증을 반납해야 한다.

선장, 항해사와 도선사가 되기 위해서는 신체운동 능력과 공간지각 능력, 수리논리력이 주요 자질로 요구된다.

Tip2. 해양대학 졸업 후의 진로

크게 한국해양대학과 목포해양대학, 전문대학이 있다. 선장이나 항해사, 기관사가 되거나 조선소와 해운 회사 등으로 간다. 해기사는 항해사(선장)와 기관사를 모두 가리킨다. 항해사는 항해(배 운행)를 담당하고 기관사는 배를 보수하고 정비하는 역할이다. 해양대학도 승선학부와 비승선학부로 나뉜다. 즉 승선학부는 항해 및 기관과 관련되고 나머지 비승선학부는 해상 보험, 해상 금융, 국제법, 해상 변호사 등 외곽에서 지원하는 업무와 관련된다.

한국직업능력개발원에 따르면 도선사를 포함한 선장과 항해사 종사자는 1만 7400명이며 이 가운데 임금 근로자는 1만 5900명(91.3퍼센트)이다. 도선사가 포함된 선장과 항해사의 성비는 남자가 100퍼센트, 평균 연령은 49세이다. 평균 학력이 13.3년이며, 평균 계속 근로 연수는 10년이다. 선장과 항해사의 월평균 수입은 469만 원이다.

도선사협회에 따르면 도선사 수는 240여 명이고, 평균 진입 연령은 50세. 실제 도선사들의 평균 연봉은 거의 비슷하며 세전 연봉이 3억 원으로 추산된다. 아직 우리나라에는 여성 도선사와 선장이 없지만, 여성도 해양대학에 입학해 항해사로 진출하기 시작했으며 미국과 남미, 남아프리카 등 외국에는 여성 도선사도 적지 않다고 한다.

세계 명장을 꿈꾸는 폴리메카닉스 금메달리스트

기계 금속 엔지니어
유예찬

1991년 부산에서 출생해 부산기계공업고등학교를 졸업하고 2009년 전국 기능 대회(폴리메카닉스 직종)에서 1위를 한 뒤 2009년 11월 현대중공업에 입사했다. 2011년 국제 기능 올림픽에서 폴리메카닉스 직종에서 한국인으로는 처음 금메달을 획득했다.

"

무작정 대학을 졸업하고 취업에 어려움을 겪기보다는 기술 하나라도 익혀서

취업하는 게 낫다고 생각했어요. 국제 대회에서 제 목표는 세계 1위가 되는

게 아니라 스스로 선택한 길을 포기하지 않는 거였어요.

"

2011년 영국 런던. 50개국 출신의 선수들이 직업 기능을 겨루는 국제 기능 올림픽 대회가 열렸다. 2년마다 열리는 이 대회는 기계, 금속, 전기, 건축, 공예 분야 등의 43개 직종 선수들이 실력을 겨루는 장이다.

　기계 분야의 세부 직종 중 하나인 폴리메카닉스 직종에는 14개국 출신 선수들이 실력을 겨루고 있었다. 폴리메카닉스는 기계 금형과 전기 배선 기술을 동시에 평가하는 종목인데 4년 전에는 일본이, 2년 전에는 대만이 금메달을 따, 아시아 선수들이 강세를 보이고 있다. 한국은 기능 대회 전체 성적은 좋았지만 그때까지 이 분야에서는 금메달을 딴 적이 없었다. 출전 자격이 만 24세 이하여서 모든 선수들이 젊은데, 앳된 얼굴들 가운데는 한국인 선수도 있었다.

국제 기능 올림픽
베스트 명장면

　　　　　　한국인 선수의 이름은 유예찬. 사흘 동안 대결하는 기계 조립 과제에서 이미 이틀이 지나가고 하루만 남겨둔 시점이었다. 그의 얼굴에는 어두운 그림자가 드리워졌다. 저녁 식사 시간에 지도 교사를 만난 자리에서 난관을 설명했다.

"선생님, 도저히 못하겠습니다. 제가 한 번도 써 보지 않은 장비여서 연습한 대로 되지 않고 제시간에 완수하기도 힘들 것 같아요. 시합 시간의 3분의 2가 지났는데 작업은 3분의 1도 못 끝냈어요. 메달은 가능성이 없어 포기하겠습니다."

지도 교사는 4년 전 이 분야의 국제 대회 은메달리스트. 당시 일본 선수에게 패해 아쉬움으로 남은 기억이 떠올랐다. 단 몇 분의 짧은 순간이지만 제자에게 용기를 불어넣고자 했다.

"너도 알다시피 이번이 네 인생에서 마지막 세계 대회 출전이야. 다들 자국에서 1등 한 국가 대표들이니 실력이 쟁쟁하지. 그런데 겉보기에만 태연해 보이지, 모두가 첫 번째 출전이라 너처럼 불안하긴 마찬가지야. 목표는 메달이 아니라 포기하지 않는 거야. 지금부터는 채점에서 필요 없는 것은 과감하게 처리하고 중요한 부분에만 신경 써."

대회 사흘째, 작업장에 들어선 한국인 선수는 미완성된 기계를 내려다보았다. 지난 4년 동안 실습장에서 거의 하루도 빠짐없이 연습했던 장면들이 주마등처럼 스쳐갔다.

'이건 시합이 아니라 훈련이야. 목표는 마무리하는 거야.'

자신을 다독이며 평정심을 되찾은 한국인 선수는 차츰 속도를 내기 시작했다. 독일 선수와 브라질 선수를 제치고, 우승 후보인 대만과 일본 선수와도 비슷한 성적으로 과제를 수행했다.

대회 마지막 날, 한국인 선수는 전기 배선 분야를 완벽하게 처리하면서 이 분야에서 실수한 일본 선수를 누르고 역전극을 만들어 냈다. 1966년 한국이 국제 기능 올림픽 대회에 출전한 이래 폴리메카닉스 업종에서 금메달을 딴 것은 이때가 처음이었다. 만 20세에 한국인 최초로 폴리메카닉스 금메달리스트가 된 유예찬. 그가 바로 이번 장에서 주인공으로 소개할 20대 명장이다.

금속을 0.01밀리미터
오차 없이 깎다

폴리메카닉스 세계 일인자 유예찬이 작업하는 모습을 실제로 볼 수 있었다. 대패로 나무를 밀어내듯 작은 공구로 금속을 문지르는 작업을 반복하자 금속이 톱밥처럼 깎여 나가면서 그럴듯한 기계 모양으로 다듬어져 갔다. 폴리메카닉스는 쉽게 말해 칼 같은 공구로 금속을 깎아 틀을 만든 뒤, 전기 배선을 깔아 작동하는 기계를 만드는 기술이다. 뭐가 어려울까 싶지만 나무가 아닌 금속을 금속으로 깎는 작업이다. 대회에서는 정해진 기준에서 100분의 1밀리미터만 벗어나도 감점 처리된다. 기계 모양을 정확하게 깎는 게 다가 아니다. 전기 회로를 작동시켜 기계가 작동하게 해야 한다. 나흘

연속 진행되는 대회에서는 기계 과정에 사흘, 전기 회로 설치에 하루가 주어진다. 하루 평균 5~6시간 작업해 모두 22시간 안에 작업을 완수해야 한다. 오차를 따지는 정밀공차를 측정하고 기계 작동이 원활한지 합산해 최고점자가 1위가 된다. 그는 400점 만점에 380점 이상을 받았다. 유럽 선수들은 혀를 내둘렀고 우승 후보였던 일본과 대만 선수들은 코가 납작해졌다. 기술 장인을 우대하는 문화가 있는 유럽의 장인들에게 유예찬의 위상은 피겨 스케이팅의 김연아 선수와 다를 바가 없다.

"국제 기능 올림픽에서 폴리메카닉스 직종은 신생 분야예요. 원래 기계 조립 직종이 있었는데 아시아권 선수들이 손으로 하는 작업에 강하니까 유럽에서 강한 전기 배선을 추가해 폴리메카닉스로 직종을 변경한 거죠. 우리나라도 이전까지는 은메달이 가장 좋은 성적이었는데, 제가 처음 금메달을 따자 선생님이 더 기뻐했어요. 국제 기능 올림픽은 2년에 한 번씩 열리니까 4년에 한 번씩 열리는 스포츠 올림픽보다 쉬워 보이죠. 하지만 스포츠는 실력이 되는 선수가 계속 출전할 수 있는 반면 기능 올림픽은 만 24세 이하라는 나이 제한이 있어 평생 한 번밖에 출전 기회가 없어요. 처음이자 마지막 대회이니, 나가면 메달을 따느냐 못 따느냐가 바로 결정됩니다.

저도 국제 대회에서 둘째 날 작업을 3분의 2를 마쳐야 정상인데 3분의 1밖에 완성하지 못해 초조해진 거죠. 제가 고전했던 이유는 난생 처음 보는 공구로 작업했기 때문이었어요. 국제 기능 대회는 몇 년에 한 번씩 규칙과 장비를 바꾸는데 국내에서 쓰지 않는 소형 장비로 바꿨었다는 사실을 출전 직전에 알게 됐어요. 독일산 장비인데 구할 시간이 없어 그냥 시험장에 들어선 거죠."

실업계 입학에서
대기업 입사까지

유예찬은 만 18세로 대기업에 입사했다. 2009년 부산기계공업고등학교를 졸업하던 해였다. 전국 기능 경기 대회에서 3위 안에 들면 주요 대기업에서 스카우트해 가는데 그는 그해 1등으로 입상해, 입사를 제안받았다. 입사 이후 다음 해 선발전을 통해 국가 대표가 됐고, 다시 1년을 더 연습한 뒤 2011년 국제대회에 출전했다.

중학교 시절 유예찬의 꿈은 '진학'이 아니라 '취업'이었다. 실업계에 진학하겠다고 하자 부모는 강하게 반대했다. 그의 성적은 반에서 30등 가운데 7등으로 중상위권이었다. 대학을 졸업한 부모는 아들이 고졸 학력으로 살아가기를 원치 않았다. 아버지는 공기업에 근무하고 어머니도 간호사여서 경제적 형편도 나쁘지 않았다.

"성적도 나쁘지 않으니 부모님은 제가 공부해서 대학 갔으면 한다고 말리셨죠. 친척 중에서도 실업계로 진학한 사람이 없었어요. 하지만 대학을 졸업해도 취업하기 힘든 게 현실인데 사회에 먼저 진출하고 공부는 이후에 다시 해도 된다고 생각했어요. 또 제가 어릴 때부터 만드는 것을 좋아하고 장난감도 뜯어보고 조립하는 것을 좋아했거든요. 무작정 대학을 나와서 취업에 어려움을 겪기보다는 공업고등학교에 가서 기술을 익혀 대기업에 가겠다는 구체적인 계획을 말씀드리자 부모님께서도 허락해 주셨어요."

실업계 중에서 부산의 명문으로 꼽히는 부산기계공고에 입학했다. 하지만 고등학교 2학년이 되자 내심 초조해졌다. 그가 속한 분야는 금형설계과였다. 같은 과 학생은 120명인데 선배들 가운데 대기업에 진학한 선배는 3~4명으로, 많아도 10명이 채 되지 않았다. 성적으로 대기업에 가려면 상위 3퍼센트 안에 들어야 하는데 그의 성적은 상위 30퍼센트였다.

성적으로는 대기업에 취업하기 힘들다는 계산이 나오자 세부 진로를 바꾸기로 결심했다. 전국 기능 대회에서 3등 안에 들면 세 개 대기업(삼성전자, 삼성테크윈, 현대중공업)에서 우선 스카우트한다는 사실을 알게 됐다. 그래서 학교에서도 1학년부터 훈련에 집중하는 기능 특활반을 운영하고 있었다. 그는 성적을 올리기보다 기능을 익히는 데 집중하기로 마음먹었다. 그때가 2학년 4월, 기능 특활반 친구들은 1년 이상 일반 학급에서 분리된 채 훈련에 몰입하는 것을 보았다. 담당 선생님을 찾아가 기능 특활반으로 옮기고 싶다고 말했지만 보기 좋게 거절당했다.

"선생님은 그동안 제가 다른 곳에서 신나게 놀다가 뒤늦게 왔다며 야단만 치셨어요. 다음 날도, 그 다음 날도 교무실을 찾아갔고 사흘째 되던 날 '제가 너무 늦었을까요?' 하면서 여쭤 봤더니 선생님이 늦었지만 열심히 하라고 허락해 주셨어요. 허락하실 때까지 계속 찾아갈

생각이었어요. 다른 방법도 없었으니까요."

국제 기능 경기 대회에 출전하려면 네 번의 선발 과정을 거쳐야 한다. 그가 거친 과정을 보면 이렇다. 우선 지방 대회에서 3위 안에 들어야 하고, 그다음 전국 대회에서 3위 내로 입상해야 한다. 홀수 해(2009년) 전국 대회 입상자 세 명과 짝수 해(2010년) 입상자 세 명, 모두 여섯 명을 대상으로 짝수 해(2010년)에 국가 대표 한 명을 선발한다. 이때 뽑힌 국가 대표는 이듬해(2011년) 국제 대회에 출전하게된다.

그의 당초 목표는 전국 대회 3위 안에 드는 것이었다. 부산시 지방 대회에서 3등 안에 들어야 전국 대회 출전권을 받을 수 있었다. 다행히 부산기계공고는 폴리메카닉스 직종에 강해, 학교 안에서 선두권이면 승산은 충분했다.

하지만 다른 친구들이 3년 동안 훈련하는 분량을 그는 2년 안에 마쳐야 했다. 지방 대회가 4월, 전국 대회가 9월에 열린다. 그에게 주어진 시간은 지방 대회까지 1년, 전국 대회까지도 1년 5개월. 1학년 초반부터 훈련을 시작한 친구들은 2학년 때 경험 삼아 기능 대회에 출전해 보고 3학년 때 본격적으로 출전해 메달을 따는 게 관행이었다. 하지만 2학년 초에 합류한 그로서는 3학년에 처음 출전하는 것이 유일한 선택이었다.

　"훈련이 육체적으로 힘들어요. 기계를 깎는 건데, 몸으로 기계를 돌려야 하니까요. 기숙사에서 일어나면 실습장으로 가서 아침 8시부터 밤 10시까지 훈련하는 생활을 반복했어요. 너무 피곤하면 낮에 책상에 엎드려 30분씩 낮잠을 잤어요. 모두가 같이 훈련하니까 놀고 싶다는 생각은 별로 안 들었어요. 다만 저는 남들보다 1년 늦었으니 더 열심히 해야 한다는 생각이 있어서 주말과 방학 때도 규칙적으로 훈련했어요."

　유예찬은 꼭 1년 뒤, 고등학교 3학년 4월에 지방 대회 입상, 9월에 전국 대회에서 1등을 했다. 금메달을 따자 대기업에서 입사를 제의했고 선배들이 진출한 현재의 회사를 선택했다. 중학교 시절 그의 목표는 이미 달성했지만, 그의 실력이 목표를 넘어서고 있었다. 그는 다음 해 국가 대표로 선발되어 2011년 국제 기능 올림픽 대회에서 폴리메카닉스 직종의 세계 1위 수상자로 당당히 이름을 올렸다.

20대 명장의
평범하지 않은 하루

　　　　　그는 국제 대회를
마친 뒤 직장에 복귀해 전기전자시스템
사업부에서 일하고 있다. 그가 하는 일
은 선박과 로봇을 만드는 일반 기술자들
이 사용하는 작업 공구를 설계하는 일이
다. 작업을 쉽게 하는 보조 장비를 '치공
구'라고 하는데, 그는 치공구를 설계하고
개조한다. 가령 코일을 구부리는 장비나
코일을 감싸는 절연물인 장비를 가공해
기술자들이 편리하게 작업하도록 하는 것이다. 목공소에 비유하면 목
수가 쓸 망치를 만들고, 전쟁터로 치면 장수가 쓸 칼을 만드는 작업과
비슷하다. 기능대회 입상 출신자로 치공구를 설계하는 금속 기계 전
문가가 이 회사에만 스무 명이 넘는데, 경력과 실력을 더 쌓으면 '금
속 명장'으로 인정받는다.

　현장 엔지니어의 평균 연령은 만 45세인데 그는 만 20세로 현업에
투입돼 이들과 만났다. 기능 대회에서 메달을 따면서 군 복무가 면제
돼 입사가 더욱 빨라졌기 때문이다.

　"제가 공구를 편리하게 바꾸면 아버지뻘 되시는 기술자 분들이 힘
이 적게 들고 안전해졌다며 칭찬해 주세요."

　인터뷰를 위해 만났을 때 그는 몇 달 동안 현업에서 벗어나 다른 일을 하고 있었다. 그의 작업복 명찰을 봤더니 '기술교육원 교사'로 적혀 있다.

"회사의 지시로 요즘은 후진을 양성합니다."

그가 가리키는 곳을 봤더니 중학생 같은 앳된 얼굴의 남학생이 열심히 금속을 깎고 있었다.

"지난해 전국 기능 대회에서 1등한 신입 사원인데 제가 일대일 지도를 하고 있어요. 올해 국가 대표 선발전과 내년 국제 대회에 출전할 거예요."

후진을 양성한다는 지도 교사의 나이는 불과 만 23세, 사사하는 제자는 만 20세, 런던 대회에서 유예찬을 지도했던 스승은 27세 청년으로, 모두 같은 회사에서 일하고 있다. 삼대에 걸친 스승과 제자가 한 집안의 사이좋은 삼 형제처럼 보였다.

"제가 직접 기계를 만들기는 쉬운데 지도하는 것은 어려워요. 누구를 가르치면서 더 배우게 되고 책도 찾아보고 공부하게 되는 것 같아요."

본격적인 공부를 위해 대학에 갈 생각은 없는지 물었다.

"제 친구들 중 대학생이 많아 이야기를 종종 듣는데 아직은 대학 공부의 필요성을 못 느끼겠어요. 주변에 친구들이 대학 진학을 위해 공부해 온 것만큼 저도 고등학교 때부터 국제 대회 출전까지 3년 이상 휴가 없이 훈련한 것 같아요. 다른 직장인들처럼 좀 쉬고 평범하게 살고 싶어요. 공부 자체는 좋아하는데 대학은 10년 뒤에나 생각하고 싶어요. 제가 존경하는 선배들처럼 실력을 쌓아 '대한민국 명장'은 꼭 되고 싶어요."

처음에는 아들의 실업계 고등학교 진학을 반대했다는 부모의 반응이 궁금해졌다.

"남동생이 공업고등학교에 진학했어요. 부모님께서 동생의 진로는 저와 상의하라고 해서 제가 요즘에 동생 학교에 상담하러 갑니다."

꿈의 크기보다 중요한 것은 치열함이다. 대기업에 기술자로 입사하는 것을 목표로 삼은 고등학생은 기계를 붙잡고 묵묵히 훈련을 반복했더니, 어느새 목표를 뛰어넘었다고 했다. 세계 1위가 아니라 자신이 선택한 것을 포기하지 않는 것이 목표였다는 그에게서 명장의 아우라가 느껴졌다.

Tip1. 전국 기능 경기 대회에 참가하려면?

전국기능경기대회는 매년 9월이나 10월경 국제 기능 올림픽 대회 한국위원회(한국
산업인력공단) 주관으로 실시된다. 폴리메카닉스 등 48개 직종에서 17개 시도 대표
선수들이 출전한다. 분야마다 조금씩 다르지만 해당 분야의 국가 자격시험인 산업
기사 자격시험이 면제되며 각 분야 3위까지 수상자는 산업 훈장을 받아 병역이 대
체된다. 우승자들은 국가 대표가 되면 국제 기능 올림픽에 출전하게 된다.

Tip2. 국제 기능 올림픽 종목

국제 기능 올림픽은 46개 종목에서 경기가 열린다. 종목은 폴리메카닉스, 통신망
분배기술, 통합제조, 메카트로닉스, 기계설계/CAD, CNC선반, CNC밀링, 석공예,
정보기술, 용접, 프린팅, 타일, 자동차 차체수리, 항공 정비, 배관, 공업 전자기기,
웹 디자인, 옥내 제어, 동력 제어, 조적, 미장, 장식 미술, 모바일 로보틱스, 가구,
실내장식, 목공, 귀금속 공예, 화훼 장식, 헤어 디자인, 피부 미용, 의상 디자인, 제
과, 자동차정비, 요리, 레스토랑 서비스, 자동차 페인팅, 조경, 냉동기술, 컴퓨터 정
보통신, 그래픽 디자인, 간호, 철골 구조물, 판금, 비쥬얼 머천다이징, 프로토타입
모델링, 플라스틱 다이 엔지니어링 등이다.

벤처 기업가
김현진

1979년 서울 출생. 호주에서 에핑인터내셔널하이스쿨을 졸업하고 라이드테입대학 호텔경영학과를 거쳐, 뉴잉글랜드대학 상업음악제작관리학과를 졸업했다. 호주에서 고등학교를 다닐 때 유학업체를 운영했으며, 2008년 한국에서 인터넷 거리정보 서비스업체 '레인디'를 창업했다. 저서로 『청년 CEO를 꿈꿔라』가 있다.

"

CEO는 DNA부터 달라야 합니다. 사장은 0.1퍼센트의 가능성만 있어도 시작

하고 봅니다. 그게 바로 사장 기질이죠.

"

연간 100억 원의 순수익을 벌어들이는 벤처 기업가를 만나는 자리. 김현진 대표의 첫인상은 드라마에서 흔히 볼 수 있는 '회장님 이미지'와는 달랐다. 승용차가 없다며 지하철을 타고 빨간색 티셔츠를 걸치고 나타났다. 정장을 입지 않는 이유에 대해 그는 이렇게 설명했다.

"수트를 입기 위해 성공하는 것이 아니라 아무 옷이나 입어도 되기 위해 성공하는 것이라는 말을 들은 적이 있어요. 사람들은 무시당하지 않기 위해 정장을 입지만 빌 게이츠는 대통령 앞에서도 청바지를 입잖아요?"

그의 옷보다 더욱 튀는 것은 말하는 태도와 그 내용이었다. 성공한 사람들에게 흔히 볼 수 있는 '겸손' 또는 '겸손을 가장한 듯한 태도'와는 거리가 멀었다.

"CEO는 DNA부터 달라야 합니다. 저는 늘 제 그릇이 이것보다 더 큰데도 작은 곳에 안주하는 것은 아닐까 고민했습니다."

실리콘 밸리에서 주목하는
벤처 기업의 대표

그의 당당함이 허장성세로 들리지 않는 것은 그의 경험과 실적이 이를 뒷받침해 주기 때문이다. 그 같은 당당함이 CEO의 자질 중 한 가지임은 분명해 보였다.

김현진 사장의 나이는 불과 35세. 18년 동안 사업을 해 온 중견 기업가 치고는 매우 젊은 나이다. 17세 때 고등학생 신분으로 사업을 시작했고, 세운 지 7년 된 기업 '레인디'도 이미 세 번째 창업한 것이다.

'레인디'는 인터넷으로 거리 정보 서비스를 제공하는 벤처 기업이다. 국내에서는 '다음'과 비슷한 시기에 같은 서비스를 개시해 상대적으로 인지도가 낮지만 해외에서는 주목받고 있다. 미국 실리콘 밸리의 IT 전문지《레드 헤링》이 선정한 아시아 유망 100대 벤처 기업에 선정되기도 했다. 현재 뉴질랜드, 호주, 덴마크의 현지 기업과 손잡고 거리 정보 서비스를 제공하고 있다. 연간 벌어들이는 순수익만 100억 원. 국내외 직원이 100명으로, 1인당 1억 원씩 벌어들이는 셈이다. 더욱 놀라운 것은 직원들의 나이다. 국내 직원 30명의 평균 연령이 27세로, 35세인 김현진 대표의 나이가 가장 많다.

십 대에 첫 창업,
8억원을 벌다

그는 어린 시절부터 사업가가 되고 싶었다.

"아버지의 영향을 받았어요. 사회를 개선하려면 지도자가 되어서 정치나 사업을 해야 하는데, 한국에서 정치는 혼자 하기 힘들고 기업은 혼자서도 잘할 수 있으니 해 보라고 권유받았고 그렇게 생각하고 자란 것 같아요."

그는 중학교를 졸업한 뒤 호주로 유학을 갔다. 서울 강남의 중학교에 다닐 때 그의 성적은 한 반에 50명 중 38등. 그는 자신이 학교 성적은 낮아도 천재라고 여겼다. 사업을 하려면 국제적 안목을 키워야 한다는 아버지의 말에 따라 고등학교 때 유학을 떠났다. 실제로 국제적 안목은 무척 높아졌다. 공부가 아니라 예상 밖의 현장 실습을 통해서다.

"호주에 유학 간 뒤 석 달 뒤 집에서 오던 생활비가 끊겼어요. 집안 형편이 어려워졌는데 한번 버텨 보자는 생각이 들었죠. 닥치는 대로 아르바이트를 했어요. 학비와 생활비가 1년에 2000만 원이 드는데, 사실 무모했죠."

처음에는 한국인이 경영하는 식당에서 일했는데 가만히 보니 호주 사람의 가게에서 일하면 돈을 더 많이 벌 수 있다는 것을 알게 됐다.

"단, 영어를 잘해야 했어요. 먹고살기 위해 영어 공부를 했더니 유창하게 말할 정도로 실력이 늘었어요. 영어가 해결되면서 학교 성적도 좋아졌고 태어나서 처음으로 전교 1등도 해 봤어요. 그런데 시간당 15달러를 버는 데 시간을 뺏기니까 공부할 시간이 없는 거예요. 시간당 100만 원을 벌 방법은 없을까 고민하게 됐어요."

친구의 인생 상담을 해 준 것이 사업 모티브가 됐다. 친구 한 명이 유학을 왔는데 부모는 법학과에 가라고 재촉하고 친구는 공부에 관심이 없어 매일 나이트클럽에 가서 놀고 있었다.

"그 친구가 불쌍하고 답답해서 도와줬어요. 친구 아버지에게 국제 전화를 걸었죠. 친구가 공부는 못하는데 음악에 소질이 있으니 음악과로 옮기는 것이 좋겠다고 설득했어요."

친구 아버지가 이를 허락하자 내친 김에 친구가 인문계 고등학교에서 예술계 고등학교로 전학하는 수속까지 도와줬다. 그런데 그 학교에서 그의 은행 계좌를 묻더니 100만 원을 입금해 줬다.

"학교에서 유학 업체인 줄 알고 학비의 15퍼센트를 커미션으로 준 거예요. 저는 친구를 도와줬을 뿐인데 보람도 있고 돈도 번 거죠. 친구 아버지를 설득하는 데 1시간, 유학 서류 만드는 데 1시간이 걸렸으니 2시간 만에 100만 원을 번 셈이었어요."

유학생은 사업자등록을 할 수 없어 아는 형 이름으로 유학 업체 등록을 한 뒤, 그 회사가 자신을 아르바이트로 고용하는 방식으로 1인 기업을 만들었다. 이 회사는 시드니에서 한국인이 운영하는 유학 알선 시장의 90퍼센트를 차지할 정도로 승승장구했다. 하지만 이 사업은 대학에 진학하면서 접었다. 젊은 사람이 잘나가니 경쟁 업체의 견제가 심해졌고 대학에 가서는 공부에 집중하고 싶었다. 2년 반 동안 벌어들인 돈이 8억 원이나 됐다. 이 돈은 이후 대학까지 자신의 유학

경비로 쓰고 여동생이 뇌종양 판정을 받았을 때 병원비에도 보탰다.

대학을 마치고
귀국하기까지

호주에서 에핑인터내셔널하이스쿨을 졸업하니 만 18세. 그는 자신의 적성을 알기 위해 여러 대학에 다녀 보기로 결심했다. 호주에서 관광 산업을 육성하는 만큼 호텔업 진출을 생각하고, 현지에서 2년제 대학의 호텔경영학과에 입학했다. 그런데 한 교수가 생각지도 못한 방식으로 그의 진로를 결정지었다.

"장래 희망이 호텔 사장인 학생이 있으면 손들어 보라고 했어요. 제가 손을 들었는데 아버지가 호텔 사장인지 묻기에 아니라고 답했죠. 그랬더니 교수님이 당장 집어치우라고 했어요. 자신도 세계에서 가장 좋은 호텔경영학과를 나왔는데 총지배인에 불과하다면서, 호텔 사장은 호텔 사장 아들만 하고 나머지는 보조 역할만 한다는 거예요. 호주 사람이 그렇게 말하니 굉장히 신선했어요. 완전히 한국적인 마인드잖아요?"

그 대학은 1년 반 만에 조기 졸업한 뒤, 뒤도 돌아보지 않았다.

다음에 입학한 대학은 상업음악제작관리학과였다. 상업 음반의 제작과 관리, 음반 경영을 가르치는 곳인데 전 세계에 그 학과가 다섯 개밖에 없다는 점이 마음에 들었다.

두 군데 대학을 졸업하고 진로를 고민했다. 호주에서 영주권을 받아 살까 하는 생각도 했는데 두 가지 경험이 그를 한국으로 이끌었다. 파티 행사장을 지원하는 아르바이트를 했는데 한번은 주빈이 한국 대통령이었다.

"제가 김대중 대통령을 보고 너무 기뻐서 '저 사람이 우리나라 대통령이야.'라고 자랑스럽게 말했는데 동료 스태프들 반응이 '어쩌라고?' 하는 표정이었어요. 그들에게 한국은 전혀 관심 없는 변방의 나라라는 듯한 태도에 마음이 상했어요."

비슷한 시점, 텔레비전 퀴즈 쇼에 현대자동차가 어느 나라 브랜드인지 묻는 질문이 나왔는데 일본, 중국 등 오답만 나왔고, 사회자가 한국이라고 알려 주니 출연자와 방청객 들이 놀라워하는 표정이 카메라에 잡혔다.

"그런 일을 겪으며 남의 나라에서 사업하고 잘 먹고 잘사는 것이 아니라 한국을 대표하는 기업을 만들어 세계에 알려야겠다고 생각하고 귀국을 결심했어요."

이력서를
선물 상자에 담다

유학을 마치고 귀국할 때 이 청년의 나이는 당시 만 21세. 한국을 대표하는 기업을 만들리라 다짐하며 벅찬 가슴으로 8년 만에 처음으로 고국 땅을 밟았다. 인천 공항에서 대면한 아버지는 부쩍 커 버린 아들의 얼굴을 알아보지 못하고 지나치는 해프닝까지 벌어졌다.

고국도 젊은이의 능력을 몰라주기는 마찬가지였다. 호주의 멋진 여성들과 영주권을 포기하고 귀국했건만 그의 충정은 의미가 없었다. 한국에서 그는 8억 원을 벌었던 창업 경력자가 아니라, 군 미필자에 학연·지연·혈연이 없는 20대 초반의 애송이에 불과했다.

창업을 생각했던 아이템은 제조업이나 유통업이 아니라 문화콘텐츠 사업이었다. 컴퓨터를 잘 다루고 호텔관광과 음반경영을 공부했기에 막연하게 '온라인상의 할리우드'를 꿈꾸며 음악을 온라인에서 들을 수 있는 사업을 구상했는데 한국에는 이미 '벅스뮤직'이 자리 잡고 있었다. 더구나 그가 귀국한 2000년 가을은 IMF 외환위기가 완전히 회복되지 않아 투자와 채용에 소극적인 시기였다.

하지만 그는 '포기 대신 죽기 살기'로 접근했다. 인터넷 검색으로 온라인상의 유명한 업체 다섯 개를 찾아냈다. 네이버와 다음, 넥슨, 싸이더스HQ, SM엔터테인먼트 등 인터넷 포털과 게임, 매니지먼트 사업에서 두각을 나타내는 다섯 개 회사 대표에게 편지를 썼다. 이메일은 열어 보지 않을 것 같아 종이에 편지를 쓴 뒤 상자에 넣어 근사하게 포장해 택배로 보냈다.

"선물인 줄 알고 비서가 뜯어보지 않도록 일부러 상자에 포장해 보냈죠. 제 인생에서 가장 공을 들여 편지를 아주 드라마틱하게 썼어요. 호주에서 이렇게 살았고, 한국에 이런 이유로 왔는데 혈연과 지연이 없으니 도와 달라는 내용이었죠. 넥슨 창업자인 김정주 사장과 싸이더스HQ 정운탁 사장이 직원을 시켜 연락해 왔어요. 결국 넥슨에서

1년 동안 일하는 조건으로 특별 채용됐어요."

월급은 60만 원. 일을 잘하면 1년 뒤 사내 벤처 회사를 만들어 주는 조건이었다. 하지만 그는 1년 뒤 회사를 그만두고 나왔다.

"넥슨에서는 일을 배운 것이 아니라 벤처 회사가 어떤 것인가를 경험했어요. 2001년 넥슨은 320명이 넘는 직원이 있었지만 벤처 기업 같이 운영됐어요. 제가 속한 팀은 게임을 해외에 파는 업무를 담당했습니다. 직원 28명의 평균 월급이 130만 원인데, 서울대와 연세대, 고려대, 카이스트 출신 등 고학력자들이 많았고 저를 제외하면 학벌이 제일 낮은 사람이 한양대를 졸업한 팀장이었어요. 팀원들이 삼성전자에서 고액 연봉을 받으며 일할 수 있는데도 훨씬 적은 연봉을 받고 넥슨에서 일하는 거죠. 저와 동갑내기 직원 한 명은 미국 시민권자였는데, 미국에서 스탠포드대학에서 경영학을 전공해 MBA를 졸업하고 그 유명한 리먼브러더스사에서 초임 연봉 1억 원을 받다가 2200만 원만 받기로 하고 한국에 온 거예요. 회사가 하고 싶은 것을 하게 해 준다고 해서 왔대요. 이게 벤처구나! 정말 똑똑한 인재들을 비전으로 설득해서 밤새도록 집에 안 가고 일하도록 하는 환경, 이것이 벤처구나. 비전을 공유하고 하고 싶은 것을 하게 해 주면 그것이 높은 연봉보다 똑똑한 친구들을 모으는 원동력이 된다는 거죠. 벤처에서는 그런 친구들이 사흘 동안 회사에서 라면 먹으며 야근하고 집에 가는 것도 잊고 일하는 거예요. 열정을 가진 직원 세 명이 모여서 10년 동안 1조를 벌어 오는 '대박' 게임을 만들어 내는 거죠."

그가 넥슨에서 배운 것을 실행하는 데는 1년이면 충분했다. 계약

기간 1년만 채우고 나올 때 스물두 살짜리 CEO지망생을 따라 선배 아홉 명도 함께 나왔다.

"똑똑한 직원 아홉 명을 설득했죠. 제가 나이도 어렸지만 입사도 가장 늦어 328번째 직원이었어요. 동료들에게 '언제까지 넥슨의 327번째 직원으로 있을 거냐, 나가서 제2의 넥슨을 만들자.'고 제안했죠."

모바일 게임 회사를
차렸지만

예비 창업자 김현진과 나머지 아홉 명은 피시방을 사무실 삼아 게임 사업을 시작한다. 그때가 2002년, 모바일 게임 회사를 차려 휴대전화 게임부터 만들기 시작했다. 처음에는 잘됐지만 결과적으로는 실패였다. 잘나갈 때는 직원 수도 50명으로 늘었고 28억 원에 팔라는 제안도 받았지만 몇 년 사이 시장 상황이 악화됐다. 직원들 월급 줄 돈이 떨어질 때쯤 창업 6년 만에 법인을 매각했다.

"처음에는 경영을 잘했는데 어느 순간 판단을 잘못했어요. 모바일 게임 시장을 해외로 돌려야 했는데 국내 시장에 안주했죠. 창업할 당시에는 국내에 모바일 게임 회사가 17개밖에 없었지만 6년 뒤에는 2800개로 늘어나 포화 상태가 된 거죠. 모바일 게임 회사는 창업이 쉬워 세 명만 있으면 시작할 수 있으니 너도나도 뛰어들었기 때문입니다. 게임의 판매 단가가 창업 초기에는 1억 원이었는데 1000만 원으로 떨어지니 경쟁력이 없어졌어요. 또한 모바일 게임에서 온라인

게임으로 넘어가야 하는데 우리는 안도하고 있다가 변신을 못 한 거죠. 기업의 생명은 변신이라는 점을 깨달았어요. 매각하니 빚은 없었지만 다시 제로가 된 거죠."

스물일곱,
다시 무일푼이 되다

무일푼 상태에서 1년 동안 방황했다.

"가장 어려운 것이 망했다는 사실을 받아들이는 것이었죠."

이듬해인 2008년, 스물여덟 살에 다시 '레인디'를 창업해 재기에 성공하기까지 많은 우여곡절이 있었다. 창업할 때는 아이템보다 중요한 것이 함께하는 사람이다. 그런데 20대 후반이 되자 또래 친구들도 창업이라는 불확실한 미래에 인생을 걸기를 부담스러워했다. 함께 일하기로 약속한 친구들은 다음 날은 부모가, 그 다음 날은 여자친구가 창업을 말린다며 떠나가기 일쑤였다.

"창업할 때 가장 큰 적은 부모입니다. 마마와 호환, 벤처 캐피털 투자자보다 더 무서운 존재가 엄마, 아빠이고 때로는 여자친구의 부모인 장래의 장인들이죠. 우리 아이가 좋은 대학 졸업해 대기업 가고 사법고시 보면 되는데, 당신이 뭔데 사업을 시키느냐며 말리는 부모님들을 설득하는 데 많은 에너지를 쏟아야 했어요."

차선책으로 대학생에게 손을 내밀었다.

"자연스럽게 인생의 고민이 적은 아이들, 대학생들에게 도움을 요청하게 됐어요. 누가 개발을 잘한다, 기획을 잘한다는 얘기를 듣고 수소문해 전화번호를 들고 무작정 만나러 갔죠. 결국 대학생 아홉 명을 모았고 모두 휴학을 해서 일을 시작했죠."

돈이 없어 친구에게 500만 원을 빌려 반지하 방에 컴퓨터 석 대를 놓고 다시 시작했다. 창업 아이템은 젊은이들이 할 수 있으면서 원가가 거의 들지 않는 인터넷 사업으로 결정했다. 그때 한창 유튜브·판도라TV가 붐이었는데 더 잘 만들 수 있겠다는 생각이 들어 대학생들을 위한 인터넷TV를 만들었다. 개설 3일 만에 3만 명이 가입했다. 사업적으로는 성공하지 못했지만 뜻밖의 수확을 얻었다.

"제가 회원 3만 명에게 고맙다고 이메일을 보냈죠. '나 빼고 모두 대학생이고 우리는 한국의 구글이 되겠으니, 지속적인 관심 부탁한다.'는 내용이었죠. 그런데 70명이 답장을 보내왔고 힘을 합치고 싶다고 했어요. 돈이 없으니 1년 동안 월급은 못 준다고 했지만 합류하겠다고 해서 20명을 선발해 회사 직원이 30명으로 늘었습니다. 정작 그 사이트는 잘 안됐지만 좋은 인재를 모은 게 성과였죠."

뉴질랜드에서 날아든
뜻밖의 기회

이 인재들은 다음 사업에서 성공하는 데 결정적인 토대가 됐다. 이 회사의 대표적 상품은 길거리 사진을 보여 주는 거리 정보 서비스이다. 스마트폰으로 이 회사가 운영하는 '플레이트

스트리트' 사이트에 접속하면 인근 유명 음식점 등 다양한 정보들을 확인할 수 있다. 신생 기업 '레인디'와 포털 서비스 대기업인 '다음'은 동시에 거리 정보 서비스를 출시했다. 사업을 구상 중이던 김현진 대표는 20대 후반의 개발자가 서비스 개발은 했지만 투자처를 찾지 못했다는 말을 듣고 그를 찾아갔다.

"같이 하자고 제안했어요. 우리는 서른 명의 직원이 있으니 당신이 합류해 개발을 총괄하면 사이트가 성공할 수 있다고 설득했죠. 1년 동안 월급은 못 주지만 개발을 총괄하는 이사직과 회사 지분을 준다고 말했죠. 결국 그 개발자는 우리와 함께 일하기로 했고 회사는 서비스를 인수할 수 있었어요. 그 개발자는 인력이 없어 사이트에 대학로 한 곳만 시범적으로 올려놓았는데, 우리 회사 직원들이 나가서 서울 전 지역의 길거리 사진을 찍어 올렸죠."

그런데 '레인디'가 길거리 정보 서비스를 개시한 순간 '다음'도 서비스를 출시하면서 다윗과 골리앗의 싸움이 돼 버렸다. 한국에서 사이트를 열었지만 돈은 벌리지 않는 상황에서 뉴질랜드의 한 업체에서 연락이 왔다. 그 업체는 구글에서 '레인디'의 사이트를 우연히 보고 함께 일하자고 제안했다. 자신들은 사진 촬영 기술이 있고 한국의 회사는 검색 기술과 길거리 정보 서비스가 있으니 힘을 합쳐 일하자는 것이었다. 뉴질랜드의 회사가 현지 법인의 설립 비용을 전액 부담하고 지분의 50퍼센트를 한국의 레인디가 갖는 조건이었다. 3년 동안 뉴질랜드에서 순수익 50억 원을 벌었다. 그때부터 미디어의 조명을 받기 시작했다.

사장은 이미 뭔가를 하고 있어요.

행동하면서 생각하지,

생각하면서 행동하지 않아요.

"심지어 미국 언론에도 우리 회사에 대한 기사가 보도됐어요. 한국의 어떤 20대가 대학생들과 3년 동안 시행착오를 겪더니 이후 뉴질랜드에 진출해 3년 동안 길거리 뷰 서비스를 싹쓸이하고 있다는 기사였죠. 펀드 모금을 하지 않은 회사가 해외에 진출해서 성공한 것은 세계적으로도 드물다고 들었어요."

그 기사를 보고 이번에는 덴마크에서도 연락이 왔다. 덴마크에서 지역 정보 서비스를 제공하는 회사였는데 동유럽 시장에 함께 진출하자고 해서, 그 업체도 인수했다. 돈을 하나도 들이지 않고 호주와 뉴질랜드, 덴마크 3개국에서 사업을 하게 된 과정이다.

나도 벤처 기업가가
될 수 있을까?

이 회사는 한 해에 벌어들이는 순수익만 100억 원이지만, 창업자 겸 CEO인 그는 7년 동안 회사에서 월급을 가져간 적이 한 번도 없다. 그는 98퍼센트 지분을 갖고 있는 대주주다. 사장은 월급이 필요 없고, 구글 같은 큰 회사에서 자신이 창업한 회사를 1000억 원에 사간다면 그는 980억 원이 자신의 몫이라고 생각한다. 생활비는 강의료에서 벌어들인다. 강의료 수입만 연간 1억 원. 이마저도 대부분은 회사 수입으로 넣고 그는 한 달에 150만 원만 사용한다.

"저는 회사 경영은 큰 것만 챙기고, 작은 것은 잘하는 사람에게 맡기는 스타일입니다. 우리 회사 이사들이 일을 잘합니다. 적나라하게 말하자면 저는 일 못하는 이사를 자르면(해고하면) 됩니다.”

　세 번의 창업 끝에 성공, 어찌 보면 쉬워 보이는데 다른 사람도 따라 할 수 있을까? 일단 20대 초반부터 30세 전까지 김현진 대표는 10년 동안 하루 3시간 반 이상 잠을 자본 적이 없다.

　“10년 동안 잠자는 시간이 아까웠어요. 가수 비가 예능 프로그램에 나와서 연습생 시절 하루 3, 4시간 자면서 댄스 연습했다고 말했을 때, 저는 마음속으로 ‘너만 그런 게 아니거든.’이라고 말했었죠. 저 역시 10년 동안 하루 3시간 반 이상 자 본 적이 없어요. 지금은 평균치인 7시간 잠을 잡니다.”

　인생에서 결혼도 미뤘다.

　“벤처 기업가는 결혼하면 안 된다고 생각해요. 결혼하면 위험을 감수하기가 어렵거든요. 사업을 하다 보면 회사를 확장하면서 차입도 할 수 있고 연대 보증을 설 수도 있는데, 부인과 자녀가 있으면 간이 작아져서 못하죠. 베팅하기가 쉽지 않을 것 같아요. 저는 그래서 서른 일곱 살에 결혼하기로 목표를 잡았어요. 연애는 끊임없이 하고 결혼은 한 번만 하자는 것 이죠. 제 아내는 집에서 살림하는 여자가 아니라 나와 같이 전쟁터에 나가듯 우리 회사에 나와서 부사장으로 일할 만한 여자였으면 합니다. 어쨌든 시점이 중요해요. 제가 투자하는 벤처 회사의 사장이 스물일곱 살인데, 그 친구에게 여자친구가 결혼하자고 하면 결혼을 늦추고 그럴 수 없다면 헤어지라고 권합니다.”

　사업과 인생이 한몸인 그에게 있어서 가장 힘든 순간도 애인과 이별할 때가 아니었다.

"함께 일하는 직원이 떠나갈 때가 가장 힘들어요. 정확히 말하면 사람이 떠날 때 못 잡을 때죠. 벤처 사업이 힘든 것은 그 순간밖에 없어요. 서울대를 졸업해 100만 원만 받고 일하다가 어머니가 아프다거나 하면 아무리 꿈이 있어도 이 돈으로는 생활이 안 되니까 대기업으로 옮겨가는데, 그런 사람을 못 잡을 때가 가장 힘들어요."

제도를 바꾸는
'슈퍼 엔젤'이 되겠다

레인디의 직원 수는 현재 100명으로 늘었다. 김 대표는 거리 정보 서비스 사업이 성과를 거두자 신사업을 시작했다. 엔터테인먼트 기획사 싸이더스HQ와 합작회사를 설립해 소셜커머스 시장에 뛰어들었다. 거리 정보 서비스와 소셜커머스를 융합해 위치 기반 소셜커머스라는 시장을 개척하고 있다.

창업을 희망하는 대학생들을 지원하는 사업도 시작했다. 소규모 창업을 돕는 엑셀러레이터, 즉 '엔젤 투자' 사업이다. 모(母) 기업인 레인디가 대학생이 창업한 기업 네 곳에 1억 원씩 투자하고 있다. 투자한 기업의 지분은 창업자인 학생들과 나눠 갖는데, 투자한 사업이 망하면 모 기업은 투자금을 날리지만 사업이 잘되면 투자 지분만큼 이익을 남기는 방식으로 운영된다.

"4개 가운데 1개 업체는 창업주가 원금 8000만 원을 잃더니 포기해 어려움에 처했지만, 나머지 3개 업체는 안착 단계예요. 하나는 스마트폰 광고 플랫폼 사업인데 1년이 지나니 첫 매출 500만 원이 입금돼 모두가 감격했어요. 또 다른 사업은 음식 배달 대행 서비스, 즉 자장면처럼 유명한 메뉴인데 배달되지 않는 음식을 대신 배달해 주는 서비스를 운영하는 거죠. 나머지 하나는 소셜 에디팅 사업인데 미국에서 론칭을 준비 중입니다."

그는 대학생을 위한 강의도 한 달에 평균 20회 정도 진행한다. 회사를 알리고 투자할 인재를 찾기 위해서라고 한다.

"저의 궁극적인 꿈은 '슈퍼 엔젤'이 되는 것입니다. 투자만 하는 것이 아니라 잘못된 법과 제도를 바꾸는 것이죠. 미국에 '세콰이어 캐피털'이라는 벤처 캐피털이 있어요. 구글과 페이스북, IBM, 애플에 투자했는데, 투자만 하는 것이 아니라 사업을 더 잘할 수 있도록 제도도 바꿉니다. 예를 들어 구글이 안드로이드라는 회사를 처음 인수했을 때 미국법상 인터넷 사업자가 휴대폰 사업을 하지 못하게 되어 있었어요. 세콰이어 캐피털 이사들이 정·재계를 움직여서 구글이 안드로이드를 통해 통신 사업에 뛰어들 수 있었고 그 덕분에 미국은 국력을 키운 셈이죠. 저도 궁극적으로 기업 활동을 하는 데 잘못된 제도가 있으면 바꾸는 역할을 하고 싶어요."

실제로 그는 6년 전 대학생들이 창업 활동을 학점으로 인정받을 수 있도록 대학에 건의해 제도를 바꾼 적이 있다.

"호주에서 사업하면서 학교 다니기가 편했던 것은 학점이 인정됐기 때문이에요. 그런데 우리나라에서는 대학생들이 창업하려면 휴학이 필수인 거예요. 창업 활동은 학점으로 인정해 주기 힘들다는 거죠.

그래서 제가 숙명여대 총장님을 만난 자리에서 제도 개선을 건의했고, 그 결과 숙명여대에서는 창업하는 학생들에게 15학점을 인정해 주게 되었어요. 지금은 다른 대학들도 이 제도를 채택하고 있습니다."

CEO의 DNA는
따로 있다

그에게 CEO의 자질에 대해 물었다.

"의지도 중요하지만 사업은 기질이 없으면 못 해요. 카이스트에 갔더니 교수님들이 이곳 출신 중에는 왜 CEO가 적은지 물은 적이 있어요. 제가 보기에는 생각이 너무 많아요. 똑똑한 사람들이 6개월 동안 매일 원인 분석하고 안 되는 이유만 찾고 있어요. 우리는 일단 그 시간에 시작합니다. 사장의 기질은 되든 안 되든 일단 하고 보는 거죠."

필자가 51퍼센트만 가능성이 있다면 시작하는 것인지 물었다.

"천만에요. 0.1퍼센트의 가능성만 있어도 시작합니다. 가령 커피를 팔려고 하는데 안 팔리면 빨대를 꽂아서 팔아 보고 그래도 안 되면 뚜껑을 덮어서 팔아 보고 하는 거죠. 즉 실행력이 가장 중요합니다. 사람이 필요하면 사람을 찾아야 하고, 돈이 필요하면 돈을 구하고, 부모님이 부자라면 엄마 아빠의 돈을 타내야죠. 사장은 이미 뭔가를 하고 있어요. 행동하면서 생각하지, 생각하면서 행동하지 않아요. 창업하고 싶다고 찾아왔다가 흐지부지 없어진 사람들을 보면 실행력이 없었어요. 기질이 없는 거죠. 우리는 그것을 CEO의 DNA라고 불러요."

즉 0.1퍼센트의 가능성을 100퍼센트의 성공으로 만드는 것은 기질의 문제이므로 자신의 특성을 잘 따져 봐야 한다.

"자기 자신을 잘 아는 것이 중요한 것 같아요. 내가 사업을 할 수 있는 기질을 타고난 사람인가 하는 거죠. 제가 보기에는 어떤 취업 시험은 의지만 갖고도 어느 정도 합격할 수 있을 것 같아요. 그런데 사업은 의지만 갖고는 안 됩니다. 문제는 사업을 너무 쉽게 생각하고 사업가가 안 될 것 같은 사람들도 뛰어드는 것 같아 걱정이에요. 기질이 없다고 사업을 하지 말라는 게 아니에요. 사장이 안 되면 부사장 하면 되잖아요? 스티브 잡스를 못 할 것 같으면 오른팔인 팀 쿡이 되면 되죠. 다들 유재석만 되고 싶어 하지, 박명수가 되고 싶다는 사람은 못 봤어요."

성공도 실패도
취할 것만 취하라

"젊은 친구들이 잘되고 성공한 사례를 보는 것도 중요한데, 고생하고 실패한 사례도 좀 많이 봤으면 좋겠어요. 우리 사회에서는 성공한 케이스만 보여 주고 실패할 때 어떻게 하는지를 알려주는 사람이 없어요. 모두가 스티브 잡스를 꿈꾸고 성공하고 싶어 하는데, 망한 사람들의 이야기는 숨기는 것 같아요. 젊은 사람들이 꿈꾸는 과정에서 성공한 케이스도 좋지만 힘들고 실패한 사람도 보면서 느끼고 고민했으면 좋겠어요."

하지만 그 역시 후배들에게 무조건 안 된다고 하지는 않는다. 자신도 선배들의 조언을 듣지 않았다고 고백했다.

"가장 두려운 것이 제가 '꼰대'가 되는 것이에요. '내가 해 봤는데 안 돼.'라고 말하는 사람이죠. 사회적으로 성공한 선배들의 조언은 고맙게는 생각하는데 귀담아듣지는 않아요. 그 사람이 성공한 30대의 시기와 우리가 사는 30대의 시기가 다르고 환경이 다른데 그 사람 말이 정답일 리는 없거든요. 저도 누구에게 조언할 때 '내가 해 봤는데 안 돼.'라고 하지 않아요. 내가 할 때는 안 됐지만 그 친구가 할 때는 될 수도 있어요. 조건이 다르고 시대가 변했으니까요."

한국의 스티브 잡스를 꿈꾸며

그는 분명 35세인데 대화를 하다 보니 40대 이상의 느낌을 받았다. 즉 '경험 나이'가 높았다.

"어떠한 지식도 경험을 넘어설 수 없는데 제가 10년이 빠르대요. 저는 10대에 남들이 20대에 겪을 것을 다 겪었죠. 23세 때 어떤 회사를 M&A 해서 어떻게 키운다는 말을 할 수 있는 사람은 저밖에 없었어요. 지금도 30대인데 40, 50대 분들이 대화가 된다고 하세요. 책을 많이 읽지는 않지만 사람을 만나면서 많이 배워요. 경험과 사람이 중요하죠. 첫째, 저의 직접 경험이 제일 중요하고 둘째, 좋은 사람들을 만나면서 생기는 간접 경험이 중요하죠."

겸손보다는 당당함이 어울리는 30대 벤처 기업가 김현진. 젊고 도전을 좋아하는 그가 정주영 같은 세계적인 기업가가 될지, 앞으로도 몇 번의 위기가 그를 기다리고 있을지는 알 수 없다. 분명한 것은 그가 자신의 목표를 이룰 가능성이 높아 보인다는 것이다.

"제 꿈은 몇몇 사람에게 사랑받고, 많은 사람에게 시기와 질투를 받지만, 마지막에 모든 사람에게 존경받는 사람이 되는 것입니다. 제 인생 모토를 영어로 말하면 이렇습니다. 'Loved by a few, Hated by many, Respected by all.'"

그가 존경하는 혁신적인 기업가 스티브 잡스의 얼굴이 그의 얼굴과 겹쳐졌다.

Tip1. 벤처 기업 현황

국내의 대표적인 벤처 기업으로는 넥슨, 게임빌, 네오위즈 등이 있다. 벤처 기업은 상장 기업으로 키우거나 대기업에 매각해 수익을 창출한다. 직종은 IT와 영화, 게임 같은 콘텐츠, 바이오 분야 등인데 우리나라는 70퍼센트가 IT업종에 포진해 있다.

중소기업청과 벤처기업협회는 국내 벤처 견학과 특허 출원, 벤처 경진대회, 창업 상담 등 다양한 지원 프로그램을 운영하고 있다.

Tip2. 벤처 기업 창업 순서

1. 공동 창업자를 모으고 사업 아이템을 정한다. 1인 창업도 있지만 일반적으로 각 분야의 실력자가 5명 이상 있어야 효과적이다.
2. 아이템이 정해지면 특허와 실용신안을 낸다. 이는 정부 지원을 받는 데 도움이 된다.
3. 사업자등록을 한다. 개인사업자와 법인사업자가 있는데 연 매출 10억원 이상을 예상하면 법인사업자로 등록하는 것이 유리하다.
4. 벤처 경진대회에 출전한다. 수상 경력은 인지도를 높여 준다. 중소기업청, 지방 자치단체, 대학 등에서 경진대회를 개최한다.
5. 신용보증기금과 기술보증기금의 지원을 받는다. 중복 지원을 잘 하지 않기 때문에, 한 곳에서 지원받는 것이 좋다. '기술보증'에서 벤처 기업 인증을 해 줘 세제 혜택과 정부 가산점을 받을 수 있어, IT업체들은 대부분이 기술보증을 이용한다.
6. 엔젤 캐피털이나 벤처 캐피털을 통해 투자받는다.
   1) 엔젤 캐피털: 벤처 기업이 설립 초기에 자기 자본으로 사업을 경영하고 부족한 자금은 친구, 친척, 동업자 등으로부터 조달하는 투자금을 가리킨다.

2) 벤처 캐피털: 기술력과 장래성은 있지만 경영 기반이 약해 일반 금융기관으로부터 융자받기 어려운 벤처 기업에 무담보 주식투자 형태로 투자하는 기업이나 자본을 의미한다.

7. 중소기업청과 한국콘텐츠진흥원 등에서 예비 창업자 지원 정책을 이용한다. 정부 정책을 이용하면 자금 지원뿐 아니라 회사의 신용도가 올라가 도움이 되므로 홈페이지를 수시로 둘러보는 것이 좋다.

8. 기업 공개와 회사 매각을 통해 수익을 창출한다.

1) 기업 공개: 주식을 일반에 공개해 투자금을 받는 상장 기업을 뜻한다.

2) 회사 매각: 벤처 업계에서 M&A는 대부분 대기업이 벤처 중소기업의 기술이나 신제품을 인수하는 것을 의미한다. 인터넷 벤처 기업의 대표적인 M&A 사례는 구글에 인수된 TNC와 NHN에 인수된 미투데이와 윙버스의 사례가 있다.

재능보다 노력이
더 특별했던 사람들

'재미'와 '창의성'을 좇아 일하는 직업인 열두 명을 만났다. 모두 학벌과 스펙보다 재능이 중요한 분야에서 둘째가라면 서러운 위치에 오른 사람들이다. 그런데 이들을 만나면서 얻은 의외의 결론은 '세상에 별사람 없다.'라는 것이다. 바꿔 말하면, 이들은 재능 자체가 성패를 가를 정도로 특별한 것은 아니었다. 특별한 것은 일을 대하는 자세였다.

무모한 도전을
대담한 선택으로

이들의 20대를 살펴보자. 뮤지컬 배우 최정원은 한 달에 월급의 80퍼센트를 발레와 노래 레슨비로 사용했고, 사진작가 조선희는 15만 원짜리 사진 한 장 잘 찍으려고 재료비로 36만 원을 사용했다. 나중에 여행사 대표가 된 주성진은 4년 동안 집에도 안 가고 회사에서 24시간 고객을 상대한 시절이 있었다. 데이터 설계자 이화식은 하루 10시간씩 컴퓨터와 씨름하다 관절이 붙어 허리가 굽었고, 이병우 요리사는 2년 동안 파리의 식당에서 매일 17시간 동안 일했으며, 과학수사관이 되기 전 김은미는 밤에는 약국에서 일하고 낮에는 대학원에서 공부했다. 100억 원대 사업가 김현진은 IT업체 대표들에게 쓴 첫 입사 지원서가 버려지지 않도록 근사한 선물 상자에 넣어 보냈고, 기계 금형 분야의 세계 일인자 유예찬은 동기들보다 1년 늦게 기술반에 들어가기 위해 매일 선생님을 찾아가 졸라댄 뒤 4년 동안 하루도 빠짐없이 훈련했다.

수많은 구직자를 난관에 빠뜨렸던 1997년 말 IMF 외환위기. 주인공들도 그 소용돌이의 예외는 아니었지만 눈길을 끄는 점이 있다. 고 3 수험생 김승직은 아버지의 사업 부도로 하루아침에 기초생활보호 대상자가 됐지만 목수 일에 재능을 발견하고 문화재 수리 대목수에 도전한다. 사진작가 조선희는 잘나가던 스튜디오도 줄줄이 문을 닫을 때 대출을 받아 스튜디오를 열었고, 환경 운동가 남상민은 무일푼으로 유학을 떠나 유엔 입문의 발판을 마련했으며, 데이터 설계 엔지니어 이화식은 회사를 나와 창업한다. 모두가 무모하다고 말렸지만 이들은 죽기 살기로 노력해 무모함을 성공으로 바꿔 낸다.

이 책에서 만난 직업인들은 한결같이 "이 일을 정말 좋아해야 한다. 그냥 빠져서 좋아서 했더니 성공하게 됐다."고 말한다.

어릴 때부터 한 우물을 판 경우보다 본 궤도에서 이탈하거나 꿈이 바뀐 경우도 많았다. 하지만 열정을 바칠 대상을 만나면 못 말리는 노력가로 변신했다. 즉 이들을 다르게 만든 특별한 태도는 자신이 좋아하는 분야에서 보여 준 열정과 야망, 그리고 끈기였다. 인생을 내건 선택을 '무모한 모험'이 아니라 '대담한 결정'으로 만든 것은 입문 초기 혹독한 단련 덕분이었다.

그들이 최고가 될 수 있었던 이유

프로의 세계, 특히 예술 분야는 '의지'보다 중시하는 것이 '실력'이다. 이병우 요리사는 "모든 감자가 다 칩이 될 수는 없다."고 말하고, 배우 최정원은 "'좋은 사람'이 아니라 '좋은 것을 만들어 내는 사람'"을 강조하며, 조선희 작가는 "일하기 편한 스타일보다 일을 잘 해내는 실력자"가 필요하다고 말한다.

이 분야에서 최고가 되는 비법은 자신이 가진 약간의 재능을 최고로 만드는 '선택과 집중의 원칙'이었다. 조선희 작가는 "내가 잘하는 것을 열심히 해서 A+로 만드는 것"을, 배우 최정원은 "하나의 공연이 끝나면 또 다른 배역을 맞이하기 위해 자신을 비워 내는 것"을 실천하고, 김승직 대목수는 "뭐든지 한번 미쳐 보라."고 말한다.

학창 시절 성적만 놓고 보면 이 책의 주인공 대부분이 상위권은 아니었다. 그런데 전작 『너의 꿈에는 한계가 없다』의 전문직에 비해 대체로 '표현력'이 뛰어났다. 공연 연습을 "글자에 생명을 불어넣어 살과 다리, 눈빛을 만들어 내는 과정"(뮤지컬 배우)이라거나 사진 촬영을 "스파게티 요리사처럼 영혼을 담아 자기만의 색깔, 비주얼로 만들어 내는 것"(사진작가)이라거나, 선박 골재 수를 흥정하면서 "하느님은 왜 큰 물고기 뼈의 수를 늘리지 않았는지"(조선 공학자) 묻고, "수트를 입기 위해 성공하는 것이 아니라 아무거나 입어도 되기 위해 성공하는 것"(벤처 기업가)이라는 등 열거하기도 힘들 정도다. 아마 예술과 기술, 창업 분야는 한 번의 시험으로 관문을 통과하는 전문직과 달리 끊임없이 자신의 능력을 입증하고 남과 소통하는 것이 중요한 분야이기 때문인 듯하다.

예술인과 기업가는 전문직에 비해 상대적으로 '겸손함'보다 '자신감'이 부각됐다. 이들은 애써 겸손하려 하지 않았고 자신감과 자부심을 드러내는 데 거리낌이 없었다. "나를 인정해야만 남을 인정할 수 있기에 먼저 나 자신을 사랑하려고 노력한다."는 말은 여러 사람들이 반복했고, "내 그릇이 더 큰데 작은 분야에 안주하는 것은 아닌지 고민한다."고 말하기도 했다.

자기표현이 중요한 분야인 데다 이미 정상에 올랐다는 점에서 자부심을 드러낸 것이지만, 기억할 점은 이들 역시 일정 궤도에 오르기까지는 겸손으로 인내하던 시절이 있었다.

창업가나 임원이 된 이들은 신입 사원 때부터 주인 의식이 남달랐다. 이동대 상무는 입사 초기부터 "내 회사, 나의 배"로 불렀고, 주성진 대표는 "회사가 아니라 나를 위해서 일한다."고 강조하며, 이화식 대표는 4년차 시절 직원들을 교육하겠다고 자처했다.

새로운 것에 대한 호기심도 강했고 도전도 즐겼다. 이미 정상에 선 것처럼 보이는데도 더 올라가고자 하는 목표가 있었다.

입문 초기에 진로를 놓고 부모님의 반대에 부딪힌 경우도 적지 않았지만 갈등은 그리 크지 않았다. 평소 부모와 자녀 간의 신뢰가 높거나, 자녀가 입문한 뒤 열심히 노력해 성공 가능성이 엿보이자 갈등이 사라졌기 때문으로 보인다.

프롤로그에서도 말한 것처럼 우리나라 사람들은 직업을 선택할 때 수입(37.1퍼센트), 안정성(28.4퍼센트), 적성·흥미(16.6퍼센트) 순으로 고려한다고 통계는 말한다. 각각의 항목을 자세히 들여다보면 '수입'과 '안정성'은 직업에 초점이 있고, '적성과 흥미'는 나의 자질과 성향에 비중을 둔 것으로 보인다. 이 책에서 만난 주인공들은 입문 단계에서는 자신이 좋아하는 일, 잘하는 일, 즉 흥미와 적성을 보고 직업을 선택했다. 하지만 수입과 안정성도 외면하지는 않았다. 재능을 인정받자 그 분야에서 창업을 하기도 했고, 대부분이 연간 1억 원 이상 벌 정도로 경제적으로 윤택했으며 자녀도 같은 일을 하기를 희망했다. 이들은 "성공하려고 하지 않았다. 내가 좋아하는 일, 잘하는 일에 집중했더니 돈과 성공이 따라오더라."고 말했다.

직업인의 성공 공식

자신의 분야에서 성공을 거둔 사람에게는 몇 가

지 성공 공식이 있었다. 첫째, 자신이 좋아하는 일을 선택한 것, 둘째, 재능과 실력이 있을 것, 셋째, 꾸준히 끈기 있게 할 것, 넷째, 선택과 집중의 원칙에 충실할 것, 다섯째, 사회적 인정을 받을 것, 마지막으로 일을 할 때 자신이 행복해야 한다는 것 등이다. 이 책의 인터뷰 내용과 현직 교사들의 조언을 바탕으로 직업을 선택할 때 중시해야 할 아홉 가지 원칙을 정리해 보았다.

직업 선택의 원칙

1. 당신의 마음을 따르라
자질과 흥미를 고려해 선택하라. 내가 이 일을 할 때 행복한지 고려하라.

2. 생애 여정에 초점을 맞추라
좋아서 하는 일이라도 취미와 직업은 다르다. 오랫동안 할 만한 일을 찾으라.

3. 협력자에게 접근하라
가족, 선생님, 선배, 친구 등과 진로를 상의하고 공유하라. 관심 있는 분야에 종사하는 직업인과 그 분야 선배들을 만나 보라.

4. 변화는 계속된다
평생 하나의 직업으로 살기 어려우니 한 가지에만 집착할 필요가 없다. 일부 직업은 연령과 학력 제한 폐지, 전문대학원 도입 등 입문 과정도 바뀌고 있으니 변화에 주목하라.

5. 공부는 평생 하는 것이다

학교를 졸업하거나 직장을 구했다고 공부가 끝나는 것은 아니다. 같은 직업이라도 직무와 관련된 공부나 전직을 위한 공부가 필요하다.

6. 빨리 선택하는 것이 좋지만 직업에 따라 다르다

예술 분야와 자격증이 필요한 전문직 등 대부분의 직업은 빨리 선택하는 것이 좋다. 작가와 정치인 등 일부 직업은 나이와 관련성이 적다.

7. 잘하는 영역에 '선택과 집중'을 발휘하라

탐색 단계에서는 여러 분야에 관심을 두고 잘하는 것을 찾고, 입문 초기에는 자신만의 강점을 만드는 기간이 필요하다.

8. 선진국의 상황을 참고하라

요즘 우리나라에서 주목받고 있는 데이터 관리자, 치위생사, 물리치료사 등은 선진국에서 10년 전에 유망 직종으로 꼽힌 직업들이다.

9. 통계와 신문을 참고하라

통계 속에 흥망성쇠가 숨어 있다. 인구가 줄어들면 교사와 산부인과 의사의 수는 줄어드는 반면, 노인 인구가 늘면 실버산업 종사자는 늘어난다. 복지와 IT산업 지원 정책이 신문에 발표되면 해당 분야의 수요와 채용이 증가한다.

이 책에서 만난 직업인들은 열정과 야망, 끈기가 남달랐는데, 이 세 가지는 자기 일을 좋아하고 잘 맞아야 한다는 전제 조건 위에 성립된 것이다. 또한 좋아하는 것과 잘 맞는 것에는 흥미와 적성뿐 아니라 사회적 인정과 자부심, 수입 등의 요소가 복합적으로 작용한 것으로 보인다.

결론적으로 주인공들이 가장 중시한 것은 자신이 이 일을 하면서 얼마나 행복한가, 내 일이 얼마나 자랑스러운가 하는 점이다. 젊은이들이 직업도 보고 자신도 보면서 그 일을 할 때 행복한가를 따져 선택했으면 좋겠다.

마지막으로 이 글은 나 혼자 쓰지 않았다. 자신의 인생을 가감 없이 들려준 열두 명의 주인공에게 많은 빚을 졌다. 조언을 준 진로 전문가와 현직 교사들, 특히 교사인 다섯 자매와 대학 동기들, 자극을 준 출판사 민음인 편집인들, 두 번째 책을 쓸 용기를 준 학생들, 집필할 수 있도록 배려해 준 울산방송 동료들, 열정을 공유한 남편 권기석 씨와 딸 지헌이와 아들 준현이에게 감사를 전한다.

네가 즐거운 일을 해라

1판 1쇄 펴냄 2015년 2월 13일
1판 6쇄 펴냄 2019년 6월 24일

지은이 | 이영남
발행인 | 박근섭
펴낸곳 | ㈜민음인

출판등록 | 2009. 10. 8 (제2009-000273호)
주소 | 06027 서울 강남구 도산대로 1길 62 강남출판문화센터 5층
전화 | 영업부 515-2000 편집부 3446-8774 팩시밀리 515-2007
홈페이지 | minumin.minumsa.com

도서 파본 등의 이유로 반송이 필요할 경우에는 구매처에서 교환하시고
출판사 교환이 필요할 경우에는 아래 주소로 반송 사유를 적어 도서와 함께 보내주세요.
06027 서울 강남구 도산대로 1길 62 강남출판문화센터 6층 민음인 마케팅부

㈜민음인은 민음사 출판 그룹의 자회사입니다.